丁菱娟的

成熟大人說話課

如何說，才能得體又不傷人？
反擊時，如何堅定又有力量？

丁菱娟——著

推薦序①

用一句話溫暖自己及身邊的人

◎夏韻芬（財經節目主持人、作家）

公關教母出版新書，身為好友可以搶先閱讀，覺得既幸運又感動，尤其本書幾乎把她過去工作、授課的實戰經驗，透過系統化地歸納與整理，成為現代人職場工作、家庭生活中擷取運用以及學習的好書。

現代人不會說話成為共同的痛點，在我的工作經歷過程中，大學生連跟同學合作報告都難以啟齒，職場上也常常因為溝通不良，造成升遷加薪困境，更別提大家常提的玩笑話就是「你會不會聊天啊」！

其實張口說話需要經過學習跟訓練，書中就多次提到，不該說的就別說，這個提醒真的很重要，我自己是媒體人，在面對採訪對象的時候，總是要想方設法，迂迴轉進的問出答案，所以對很多受訪對象來說，一旦出現不能提起的答案，那就要記住廢話少說、不該說的不說，否則很容易就會掉入訪問回答的陷阱中。

很多人張口說話之後，都會糾結能不能說真話，在我個人認為當然是可以說真話，但是不能帶著情緒，實話實說也分好幾種狀況，有人說「我這個人心直口快」，先把說實話加上情緒歸咎於自己天生的個性，這就是用情緒帶入的盲點。

還有人以為在人前說好聽的讚美，人後就開始評論，也是「真話」的一種，其實這是過度社會化的結果，很多人不想要得罪人，於是常常會說「有話直說，感情完全不受影響」。事實上，在會議溝通中如果有話直說就好，絕對不能離開會議室之後，出現人後的批評言論，尤其傳到當事人耳中，比當面說實話的後座力強上數十倍，因為透過傳話轉話，又會衍生不同的情緒。

另外一種人是人前批評，背後說讚美的話，這個在職場上，甚至夫妻、親子關係都常出現，很多長輩級的主管都會當面提醒下屬「可以再努力一點」，有時候擔心當面稱讚，會讓下屬過於自信，這在華人社會以及日系社會中常見，其實慣於批評最容易造成自信心缺乏，如果沒有正向積極的回饋，長期下來對於組織或是家庭關係未必會是好事。

不論何種說話情境，都能找到答案

綜觀這本書除了教你如何說話，還加碼奉送現階段最重要的個人及公司公關危機處理，例如個人或是企業被炎上，要如何處理？要不要道歉，如何道歉？如作者的期待，這是一本含蓋職場溝通、人際溝通、危機溝通、向上溝通以及對年輕世代以及長輩溝通的全方位說話課，希望大家在書中找到可以應對以及學習的好方法。

正值歲末年終，台灣迎來強烈冷氣團，在最冷的天閱讀此書，期許自己以及更多的人學著用一句話溫暖自己跟身邊的人，用小小的溫暖撐起更美好的社會關係。

推薦序②

你一輩子都需要的說話藝術

◎葉丙成（無界塾創辦人、台大教授）

說話，對大多數人及其事業來說，都是很重要的。舉凡面試時如何說服公司主管錄取你？工作後如何說服主管支持你的提案？或是對外如何說服客戶買你的單？話說得好或不好，對我們的職涯真的有太多影響。但偏偏我們從小到大，在學校總是被告誡著：「不要說話！不要說話！說話扣分！」、「小孩子有耳無嘴！」我們不但很少被教導如何說話，更別說要把話說好。這是台灣職場很大的問題，也是許多人的困境，即「我們需要好好說話，但不知道從何學起」。

先說結論，丁菱娟董事長（以下敬稱丁老師）親撰的這本《丁菱娟的成熟大人說話課》，我認為會是許多苦於說話、拙於說話者的救贖。因為裡面有太多丁老師數十年業界經驗累積下來的智慧。

丁老師自己就是老闆，她當老闆多年的經驗可以告訴你，老闆到底在想什麼、想聽什麼之外，更能教會你如何跟老闆說話、如何向上管理、如何跟老闆談判及談升遷。另外，丁老師本身就是台灣知名公關公司創辦人，要說服客戶、為客戶解決公關危機，是家常便飯，所以這本書也會教你如何跟客戶溝通。再者，丁老師在書中還會教你如何在生活事物上，跟先生、太太、年長父母溝通，例如：說服年長的父親願意出外旅行。這本書有太多的案例，還有許多清楚明瞭的依循原則，對於讀者而言，真的是好看、好學、好練的武功祕笈。

省時的溝通，才有利於增加產能

我自己在看這本書時，就學到了好幾招。舉一個例子，當我們跟客戶公司談生意時，客戶通常不願意透露他們預算的底線在哪裡，當我們不知道客戶的預算底線時，若報價太高，會讓客戶退卻；報價若太低，又會讓客戶占太多便宜。因此如何問出客戶的預算底線，就是一個非常重要的任務。丁老師在書中透露了她問出客戶預算的祕技，讓我拍案叫絕。她真的太厲害了！

她是怎麼說的呢？關於預算問題，丁老師教大家可以跟客戶說：「我們有三種不同等級的規劃，分別是一千萬、八百萬、五百萬，不知道哪一個等級比較接近您的預算呢？」然後客戶就很容易在選擇過程中，被打探出預算的相關資訊。是否很厲害呢？

本書不但教大家說話藝術，也教職場溝通、跟上司說話的技巧，及公關危機處理。書中提到的職場溝通案例，我一看就覺得歷歷在目，皆是在公司裡常見的問題。我覺得每間公司的老闆都應該購買本書給員工，一旦員工看完並做好有效溝通，公司開會時所省下的時間，都不知可增加多少產值。

真心推薦全台灣為說話所苦的朋友們，來閱讀丁老師這本好書。有了這本武功祕笈，說話將不再是你的苦處，你會更有信心，把話說好！

作者序

成為懂說話、有同理心的成熟大人

可能是因為我從事公關業的關係，很多人以為我一定是妙語如珠或是舌粲蓮花，但事實上並不是。我初入職場的時候，是一位傻乎乎、不太懂人情世故的人，也經常不知如何接話，或是說錯話讓場面尷尬。縱使到現在，還是離妙語如珠很遠，但我覺得這一點都不影響溝通的真諦，**溝通的本質在於傳遞訊息，促進理解和交流，達成人際關係的和諧**。我的溝通力是職場訓練及自己從生活中體悟的，所以只要有心，任何人都可以好好說話。

雖然說話似乎是一種天生的能力，大家都覺得說話有什麼難的，不用教，因此沒有人教我們如何好好地說話，學校沒有，職場也沒有，但是我們的人生順利與否，幸福與否，快樂與否，卻都跟說話息息相關。當你懂得說話，口吐蓮花，換位思考，說到別人心坎裡去的時候，不但能廣結善緣，人脈開闊，讓職場及生活順遂，還能在危機時刻化險為夷，為自己創造機會。

在這個瞬息萬變的時代，好好說話的確是成功及幸福之道。或許你也和我一樣，曾在匆忙的生活中，因為一句言不及義的話語而感到尷尬，或者在一次溝通中因為用詞不當而引起了誤會，更或是說話太快，一出口傷了人就後悔了，但只要用心思考、練習加自覺，我相信每個人都可以是溝通高手。

看看那些受人歡迎的人、讓你感到如沐春風的人，都是懂說話、會溝通的人。職場中會說話的人，總是深得老闆及同事的心，仕途順遂；超級業務員懂說話，讓人心甘情願掏腰包還感謝他；朋友中會說話的人，也總讓周邊的人感到非常舒服與愉悅。我們其實是有能力成為這樣的成熟大人，即立場堅定、語氣和緩，不得罪人，不為難人，讓人舒服，這是此生必備的能力。

工作久了，越來越發現企業組織九九%的問題，都是溝通的問題，而生活上八〇%的煩人問題也與溝通有關，能解決溝通的問題，大部分的問題也都迎刃而解了。我常年被工作和市場訓練之後，才真正知道該如何說話，如何表達才能夠讓對方接受，甚至轉而支持。所以說話是可以被訓練的，但最重要的是自己要有自覺，願意學習。而這本書就是陪伴你成為良好溝通者的橋梁，讓我們的人生邁向圓融、幸福的道路。

說話，是一種展現自我的生活態度

《丁菱娟的成熟大人說話課》這本書不是說話技巧手冊，而是一次邀請，邀請你進入一個關於說話的心靈之旅。在這裡，我們不僅一起探索不同人際關係的奧妙，更將洞察言談背後的情感，讓好好說話不再只是一種技能，而是可以為你在職場上加分，為你打通人脈關節，種下人生幸福的種子。

本書分別針對不同的族群給予提醒並舉例，分別有職場溝通、人際溝通、向上溝通、危機溝通，以及對新世代、對年長者的溝通，可說是一本全方位探討說話及溝通的書籍。相信無論你在哪個年紀來看這本書，都可以獲得不同層次的收穫與感受。

身為成熟大人的我們，說話是一種展現自我的生活態度，讓我們攜手踏上這場關於好好說話的學習之旅，在這個旅程中，希望你成為那位用心說話、用愛表達的成熟大人，讓「好好說話」成為你生活中最美好的習慣。

最後，我要感謝聯經出版公司與我一起編輯這本書的夥伴們，包括永芬、書韋、豐恩總編輯以及芝宇總經理，還有我的祕書Fion，沒有你們的幫助我想這本書不會被催生出來。

願我們用心說話，溫馨相伴。

目次

第四章 請求、說服，跟上司說話的技巧

第五章 危機、被炎上時，個人及企業如何回應？

後記

第一章

好好說話，
是一門藝術

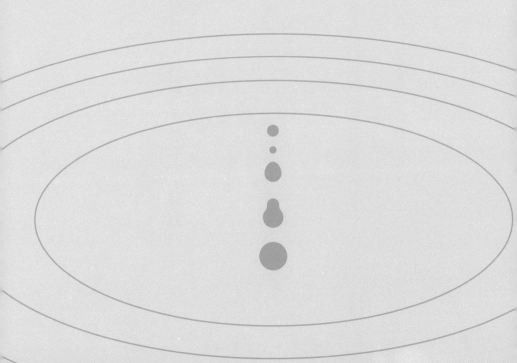

廢話少說，不該說的就別說

話少不見得沒有力量，有時沉默反而能激發強大的張力，令對方有壓力。

說話的藝術真是重要，不論在職場或交友上皆是。明明是一句好話，不會說的人總是說得讓人生氣或誤解；會說話的人反而能將危機變轉機，扭轉乾坤，賓主盡歡。有時話不要多，多說一句就可能釀成大錯，難怪俗話說得好，廢話少說。

溝通，顧名思義就是要說到讓雙方都了解，並且沒有誤解地讓事情圓滿解決，因此表達能力就非常重要。該說的一定要說，不該說的一句也不要說，可說可不說最折磨人，至少要做到廢話少說，若隨便說說，萬一被他人當真豈不是壞了信用，特別是在職場溝通或商業談判場合更是如此。

不該說的話，一句話都別說

若是代表公司對外溝通，以發言人來說，字字都要精準，尤其在接受媒體採訪或是重要訪談時，要切記「不要隨性發揮，說得太多」，**因為人往往都是在得意忘形或過度輕鬆時，說出不該說的話**。我們要謹記，若不是在聊天的場合，而是在商業或是重要的訪談時，就要講重點，然後廢話少說，只要聚焦在主要訊息即可。

像我有些客戶在接受媒體專訪時，過程表現可圈可點，偏偏就多講了些，只好在最後時多加一句：「我剛剛說的這個千萬不要寫進去。」這下可好，此地無銀三百兩，反而加深媒體的好奇心，明天不見報才怪。這就是說話的藝術。

不可說的能堅持不說也不容易，有時候被逼急了，透露一點風聲也等於是說了。我的一位客戶被媒體追問數字，明知不可說，卻因一時心軟，被記者用是非題給套了出來。記者問：「明年業績成長是否會超過一〇％？你只要點頭或搖頭即可。」我的客戶點了頭，就這麼上了產業頭版，隔天被國外老闆臭罵到差點丟官。

當不能說時就不要說，不妨告訴對方：「你要我說，不是害了我嗎？」像這樣委婉又不失人性的說法，就比較容易被接受。

至於「可說可不說」則最磨人。到底是說還是不說，總是在猶豫。**我的建議是不要主動說，尤其是別人的私事**。譬如說，明知道同事是因為對老闆不爽才離職，不要到處說，有人問也不必說。你可以說：「這件事應該去問當事人會更清楚。」或者說：「我不方便幫當事人回答。」此時多說一句就是畫蛇添足，都可能被二手或三手傳播而影響到當事人的聲譽。

不回答假設性的問題，避免被對號入座

此外，假設性的問題或是聽說的問題，也千萬不要回應。

在人際關係上常會有人告訴你，我聽說某某人如何如何，你千萬不要回應，只要淡淡說「我沒聽說」，或是「我不清楚」就好。我就曾經被誣陷過，只因為在這個狀況下回覆「是這樣喔」，結果到最後就傳成是「丁菱娟也這樣認為」。

再者，記者很喜歡詢問假設性的問題，像是「假設你當選市長會如何做」、「如果今年業績創新高，你會不會加發獎金」，此時千萬不要對號入座，認真回答，否則隔天的標題就會變成「某某某有意競選市長」或是「○○承諾若業績創新高，今年年終獎金也將創新高」。**對於假設性的問題只要禮貌地回答「抱歉，我無法回答假設**

性的問題」就好。

話少不見得沒有力量，有時沉默反而能激發強大的張力，令對方有壓力。聰明的領導者都會善用沉默的力量，成為談判高手。

溝通，簡單至上，別把專業一直掛嘴上

越複雜的事情越要簡單化，化繁為簡，才是真正厲害的人。

我擔任過幾次校園創意競賽的評審工作，在聽完同學們的簡報後，發現參賽的同學們普遍都犯了一個致命的錯誤，那就是「提案建議太多」，所以變得散亂，沒有聚焦。因為捨不得放棄任何想出來的創意及行銷想法，點子傾巢而出，以至於創意過多，反而失焦，沒有重點。試想，評審在短短的幾十分鐘提案中能記住多少？有捨才有得，這是在提案上該學的一堂課。

在任何行銷或溝通策略上，「簡單」是關鍵。簡單才能使人明白，聚焦才能引人注意。最後能得到消費者青睞的，反而是那些簡單又易懂的創意，通常令人記憶深刻的廣告，也都會掌握簡單易懂的大原則，才能迅速擴散。**因此提案的精髓，在於想法要去蕪存菁，過濾消減，只保留最好的，其他通通不要。**

但是大部分的人都做不到這一點，因為不忍砍了自己的創意，最終反而交由評審或客戶來砍你了。企劃人員致勝的祕訣就是，要學習先消滅自己不夠好的點子，才能找出當中最棒的，而且過程就像削鉛筆一樣，要反覆地削減，創意才能越來越尖銳，要夠尖銳才能有力量。

其實溝通也是如此，很多人在重要議題上試圖解釋，但是完全沒有邏輯可言。聽的人吃力，也很容易誤解你要講的意思。尤其華人的溝通方法，總是用「因為……」做開頭，用「所以……」殿後，當「因為」說完之後，對方已經面露不耐，也就不必再「所以」了。

所以長話短說，表達完整，簡單明確最受歡迎，但其實簡單一點都不簡單。說話時，我們都有義務為自己做整理、摘要，否則就是將解釋權交給對方。這就像我在幫客戶安排媒體專訪一樣，當受訪者不懂得掌握主要訊息，很隨性地抒發自己的想法時，通常媒體露出的結果都會跟自己預期的不一樣，這時再怪別人斷章取義已來不及了，還不如先練習說重點，讓自己在關鍵時刻不要出錯。

最後得到第一名的學生團隊，他們提出一個很簡單的主張及一句標語，因此論述時非常聚焦，繞著這個主張提出的分析與建議皆邏輯分明，所以很快地得到評審們的共識，脫穎而出。這又讓我意識到，第一名的團隊就是運用了我接下來在頁三六會說明的房屋訊息架構，很容易讓評審們一聽就懂。因此在重要提案時，絕對要掌握簡單、聚焦的原則，才能被記住。

活用五個技巧，複雜的話也能簡單說

通常面對客戶的重要提案，或是跟老闆報告時，我們都只能在僅限的時間內，必須說清楚提案和想法並說服對方，像有名的TED演講只有十八分鐘，就必須講一個重要的觀念論述並舉例說明。這是必須要培養的能力，這個能力關乎我們是否能成功說服他人，是否能將複雜的事情簡單化。

漸漸地你會發現，有些人會把事情說得很複雜，說很多行業術語，說得讓你聽不懂，以突顯自己的專業，你覺得他能讓你折服嗎？其實真正厲害的人，是能把複雜的行業術語及艱深領域，說得一聽就懂，讓人如沐春風，能化繁為簡。對於那些把簡單事說得很複雜的人，我們不用羨慕，因為他們只會混淆大家，並沒有說服力。

若想將複雜的事簡單說，有幾個技巧：

①主旨很重要

無論提案、演講或是報告，甚至天天寫的電子郵件，你都必須要先想好明確的主題，這樣才可以引導大家集中心思，順著你的邏輯思考。

②先說結論

一開始就要把你的目的說清楚，不要迂迴講背景和資料，一直不切入重點，必須要記得「以終為始」的說話法，先把結論說在前面，再去陳述為什麼。

③簡單的語言

使用簡單的語言，並盡可能使用易懂的詞彙和句子。不要使用過於專業的術語和難懂的專業用語。若是身處專業領域，尤其要避免這樣的習慣，我經常遇到企業工程師或是銀行人員，習慣說一些行話，請永遠要記得，**你說話的對象若不是行業內的人，請使用他們的語言，而不是你的語言來表達。**

④重點要重複

這就是為什麼重要的話要說三遍，不論你用照片、符號或是影片等任何方式來強調重點，就是要讓你的受眾知道這是重點，讓他們牢牢記住這是你想強調的地方。

⑤結論簡明

最後下結論時，記得要再重複一次，做個完美的結束。

記住，越複雜的事情越要簡單化，越是簡單化的語言和敘述才能讓人明瞭。「溝通」就是要讓人明瞭，為什麼要說得那麼複雜呢？

直爽並非優點，有些話就是不能直說

說話直率或魯莽的差別，在於是否有「同理心」。

我常看到有些人個性衝動直爽，常因逞一時之快，話到嘴邊就一定得脫口而出，不說不快，說完了之後有些後悔就會順口又加一句「我這人就是心直口快，也沒什麼惡意」。加這麼一句只是想掩蓋自己的悔意，或是淡化自己的錯誤，但站在對方的立場，卻是一種類似霸凌的感覺，本來對方理所當然該生氣，但因你補說了這一句，變得好像有氣卻發不得了。如果對方真的生氣，當事人有可能再重複「我不是跟你說過我這人就是心直口快，本來就沒有惡意，你幹嘛生氣」，說得更理直氣壯。

實際上，說出來的話像潑出去的水，已經無法收回，有時明明知道說出來的話可能傷人，但還是擋不住自己的衝動，不吐不快，最後除了剎那間那一個「爽」字，大概什麼也沒有獲得，得罪了人不說，事後空留遺憾又有何用。

我漸漸發現，「有話直說」的個性，講好聽是「直爽」，其實背後是自私與沒有同理心。所謂有話直說就是沒有顧慮別人心理的感受，想說什麼就說什麼，這有什麼難的。我現在只要聽到別人說「我就是這麼直爽的人」，以用來掩飾自己口無遮攔的話，我就會對這個人敬而遠之。

因為成熟的人一定會有同理心，思考別人的感受，所以話才能不傷人，讓別人聽得懂，願意接受，也會有台階下。舉例來說，若對一個邀約沒興趣，當然不能直說內心的話，像是「這個活動好無聊，我一點都不想參加」，但可以表達「非常感謝您的邀請，但是我已經有其他計劃了，所以無法參加，請見諒」。

真正的成熟說話是要「顧慮到對方感受」，才能讓人接受又如沐春風。

有些話只能「私下說」

有一次我參加一個聚會，大家在等一位朋友的到達才能開動，等那位朋友一到，就有人發難說著：「哇！你終於來了，主人的菜都快涼了呢。」當場讓氣氛有點尷尬，主人趕快出來打圓場說：「不會不會，來得剛剛好，我們正好要開始呢。」雖然大家很熟，遲到的人也一定很緊張，或許有原因，但那位心直口快的人卻讓當事人更愧疚，也讓主人很尷尬。如果有人可以對遲到者說：「還好嗎？路上有發生什麼事耽擱了嗎？能看到你平安到來真是開心。」我相信當事人一定會覺得自己被關心了。

其實，我也曾犯過這樣的錯。記得十多年前的一次經營管理會議中，我不能體諒其中一位主管因家裡的家務耽擱，沒有把專案準時交付，導致客戶抱怨，我在會議上責怪他，沒想到他也一味地為自己辯解，我不耐煩地脫口而出「你當主管就應該負多一點的責任」。沒想到這句話刺傷他的自尊，會議後一張辭呈就在桌上等著我，而我的魯莽以及沒有同理心的言論，即使事後跟他解釋自己並非惡意，但最終還是讓我無法挽回一位優秀的主管。因為他覺得我完全沒有體諒他的處境，一味地要求工作。我的一張快嘴，付出慘痛的代價。

反省過的我終於了解，**話可以直接說，但不能傷人**。有些話只能私底下說，不能公開講。說話直率或魯莽的差別，在於是否有「同理心」。其實我當時應該先體諒他，了解其是否遭遇困難，再談公事。如果我改口這麼說，可能事情就不一樣。

「我觀察你最近必須要提早回家，是不是家裡發生什麼事，需要幫忙嗎？其實最近公司客戶增加，特別忙碌，不知道你可否多留一點時間幫忙。」

我相信在這樣的氛圍下，對方一定會說出自己的難處，而且願意共同想辦法解決公司的問題，就算有困難，對方一定也會感激我的體諒。

管理情緒，不要禍從口出

還有一次，一位潛在客戶想找我們公司服務，卻想多得到一些額外服務與承諾，所以用反話質疑我們。「聽說你們公司顧問費很貴，但你們能做的服務其實跟其他公關公司差不多，你能給我什麼保障讓我錄用你們嗎？」我聽了之後很不舒服，一氣之下，就請他另請高明。

其實人家說「嫌貨人才是買貨人」就是這個道理，但當時我年輕氣盛，聽不懂其中的含義，亂發脾氣，喪失了一位高潛力的客戶，縱使幾年後大家的心結解開，但已錯失良機，無緣合作，實在扼腕。

話說出口就像滿出去的水，覆水難收。尤其當雙方都把話說死時，就連下台階的機會都沒有了。真要化解嫌隙還得靠時間和機緣才有機會完成，有的成了一輩子的遺憾，真的得不償失。所以千萬不能把「直爽」當成優點，能忍一時之氣且管理好情緒的人，才能成大事，**直爽的話若沒有經過修飾，總會傷人。**

做人的道理應該從「說話」開始，如何把話說得圓融又到位才是一門藝術。如果我當時知道那位潛力客戶的質疑，其實只是想多爭取一些額外服務，只要釐清他的疑慮，或給他一些專業的建議，或許合約就簽訂了。又或是，若我當時多體諒公司主管的處境，多了解他的難處，或許我不會失去一名人才。我為自己的魯莽付出極大代價。

許多錯誤後的反省漸漸成熟，有的可彌補，有的卻一去不回頭。成熟的人會洞察對方話裡的動機，並預設最後的結果，成熟的人絕不會因逞一時口舌之快而壞了大事。說話就是要把話說到對方心坎裡，事情才能有轉圜的餘地，「同理心」是最大的關鍵。

不要以情緒待人，但也不要被他人情緒所傷

如果想解決事情，就得忽略對方負面的情緒，同理地針對事情回答。

一位年輕人剛從國外回來，在台灣待了幾個月之後，有一天跟我分享，他說他覺得現代人遇到事情好像很容易情緒化，我很好奇他的觀點，請他多講一些。他說有一次去小吃攤買東西，前面有一位客戶問店員還要多久才會好，店員竟然很火大地回答，「如果你很趕，就到7-11去買好了」，前面的客戶聽了更火大，於是兩個人就吵了起來。

還有一次他開車到賣場地下停車場停車，看到一位中年男子下來指責另一位車主：「你已經占到別人的車格了，怎麼不把車停好？」車主回答：「你自己停車技術不好，怎麼怪別人車子沒停好呢？」結果兩個人也是意見不合，又吵起來了，吵到最後的焦點並不是在解決問題，而是在爭誰是誰非。像這種先指責別人的說法，當然很容易引起對方的情緒，弄到最後不是吵架就是提告，永遠沒有交集。

這位年輕人說：「大家為什麼不針對事情解決，把情緒放一邊，這樣就不會有這麼多的爭吵。」他不解的是，為什麼不針對「發生的事情」討論，而是針對「人」去檢討，因此雙方的情緒就上來了。譬如小車禍的紛爭，理性的方式是留下雙方的保險公司電話，讓保險公司彼此去聯絡，或是找警察報案，便可以開車就走。若是大車禍，救人優先，不需要指責誰對誰錯，因為事情已經發生，解決問題比較重要，而不是爭你錯我對。的確，若大家遇事能夠理性解決，那麼世界上也沒有這麼多紛爭了。不過我倒是觀察現代人壓力大，容易焦慮，因此情緒管理上總是吃力。

在這社會上，好的領導者或是做人成功者，大多能控制情緒，指責別人很容易，但也容易引起對方的反駁和捍衛。但是，懂得自我反省和有同理心的人卻難能可貴，如果想解決事情，就得忽略對方負面的情緒，同理地針對事情回答。譬如小吃攤店員說：「您的食物還需要十分鐘製作，如果您趕時間，我可以先幫您取消訂單。」確實說出等待時間以及解決方案，客戶比較能做決定。又或者，停車的人若說：「可否麻煩您把車稍微停正一下，這樣我的車才不會碰撞到您的車。」這樣說明感覺是在為對方設想，可能比較容易被接受。因此，具同理心的說法是現代人處理紛爭時要學的。記住，溝通的目的是要解決問題，而不是製造紛爭。

當對方情緒失控時，自己更要冷靜才能面對

那麼，若遇到情緒波動很大，或是情緒失控的人，我們又該如何應對呢？我曾經看過一位非常有修養的機場服務人員，面對著一位生氣叫罵的客戶，很冷靜地回應：「我了解您的焦慮，也想幫您解決問題，但您希望我在這裡聽您教訓，還是讓我趕快去幫您解決問題呢？」結果這位客戶就說：「你最好趕快去幫我解決問題。」這位服務人員便得以暫時離開衝突現場，客戶也慢慢地冷靜下來。

請回想當我們遇到類似的狀況時，是先指責別人來證明自己的對，還是先冷靜，看看事情的現況該如何解決。服務業面對有情緒或失控的客戶時更要冷靜，先忽略他的情緒，聽清楚他關心的是什麼，再針對問題去處理。

現在站在第一線服務的從業人員真的辛苦，面對缺工，要應付這麼多不同年紀、不同EQ的客戶，要自我建設，心臟要強一點。我們無法選擇客戶，但是可以選擇讓自己的情緒不要太容易被傷害，**因此遇到不理性的客戶時，請試著忽略他們的情緒性字眼，專注聆聽他們在意及關心的事情，然後針對其在意的事去解決，如此一來，應該可以解決大部分的問題。**

一樣米養百樣人，我們無法改變別人，但可以訓練自己不被傷害。我們期許自己不要以情緒待人，但也不要被他人情緒所傷。

說話要有重點，了解房子架構，才不會被斷章取義

開頭先說結論再搭配三個重點，說明最清楚。

說話簡單，但話要說得清楚就不簡單。

我們東方人說話時有一個通病，就是「先說因為，再說所以」。說話者前面的「因為」繞太久，聽的人已經沒耐性了，當然也沒時間聽「所以」。有時候我聽取簡報時，講者可能花十五分鐘先說明背景，再說因為又花了十五分鐘，最後才闡述所以……應該……如何如何，但是聽者的靈魂早就周遊列國一圈，根本無心聽你的所以。你花了三十分鐘的前言描述都白費，這就是無效的溝通。

寫電子郵件也是，我們通常也是先說明原因，最後一段才寫結論，我每次看到這種郵件，心裡都在想「你到底想講什麼」，最後就是直接跳到結論閱讀。因此我們看

西方人寫郵件，在主旨就會清楚地講明目的，內文也是先講結論，再陳述背景。有些郵件甚至在主旨用「一句話」就寫完內容了，例如：「台灣公關研討會十月二十八日上午九點在小巨蛋舉行」或「ABC專案結案報告請審核」，像這樣的主旨簡單明瞭，讓收件人知道在說什麼，該採取什麼行動，有興趣再點進去看內容會更加清楚。

越是忙碌，越要說重點

現代人都很忙，所以一定要「長話短說」，而且要聚焦。在這裡我想要教大家一個很重要的溝通技巧，即「房屋訊息架構」。這個技巧可以幫助你講話有重點，且在思考架構上也可以更有力量。**這個技巧最重要的就是——先說結論，再去論述你的支持點。**

我一定要再三強調，學會這樣的技巧，一定會讓你言之有物且精準扼要，沒有廢話。不論用在職業面談或演講、做簡報、寫電子郵件，或是向老闆報告、寫文章等等，這個技巧太管用了。

「房屋訊息架構」很簡單，就是蓋房子的概念。先說一個標題（就是屋頂），然後提供三個證據或證明（也就是三根柱子），最後的地基就是結論，但通常結論也是

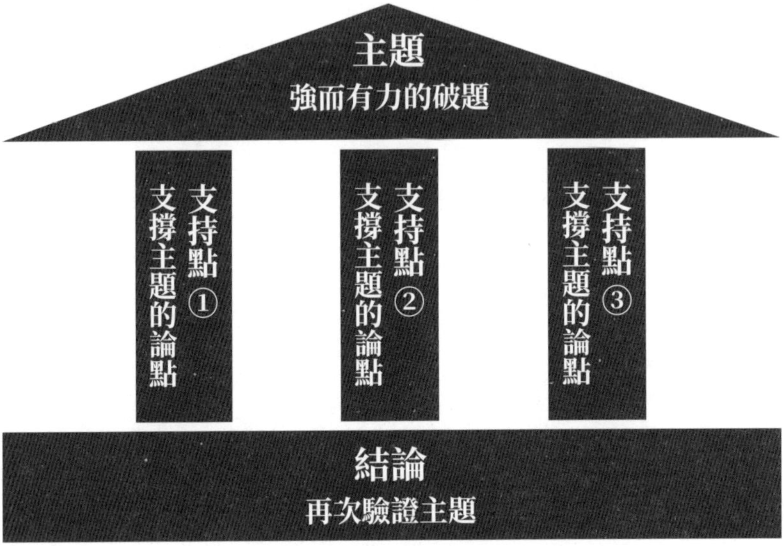

圖 1-1 房屋訊息架構

標題，這樣才能前後呼應。在思考上我們可以先講結論，從結論改成標題，再去找符合該標題的三個證明，以支持這個標題，最後在結論時再次強調標題，整個論述前後包夾，邏輯清楚，有證據有支持，有聚焦又有結論，任何人聽了都明白。

其實房屋訊息架構也是媒體在訓練記者寫新聞稿的技巧，那就是先下標題再找支持點，有了標題後很容易就能聚焦，那麼整個文章的架構就完整了。主要訊息就像下標題，標題下得好不好，將影響讀者、觀眾的興趣和好奇心，決定是否要繼續跟你往下走，也是能否讀完內容的關鍵。

如果一個人往往話說不清楚，代表想表達的重點太多，無法去蕪存菁。當重點太多就等於沒重點，所以說話時一定要先思考「我的結論是什麼」，而那個結論就是你的主要訊息。如果今天你有五個想講的重點，但在會議上被限制只能講一個時，你會說什麼？這時候，你就要構思哪一個是最重要的，或是有哪些細項是可以被包括在一個大項目裡。

或許你今天有三、四個重點想說，要想想有沒有辦法歸納在一個主題內。建議可以先想好結論，讓在場的人聚焦在結論上，之後再慢慢延伸。有了主要訊息，傳達的訊息才能聚焦，以幫助大眾容易了解或記住你想表達的內容。

舉例來說，我想寫一篇文章，主題是「如何找到工作的熱情」，我的結論是要找到自己所愛的工作，或是愛上自己所做的事情。於是我將這個結論變成標題「做自己所愛，愛自己所做」，在這篇文章中，除了闡述找到自己有興趣的工作是重要的，也告訴大家要愛上自己的選擇。最後，為了讓整篇架構更有力，我提供三個證明。

第一是引用自己第一份工作的故事，先愛上自己的選擇，再慢慢從工作中培養出興趣，引發熱情；第二是引用名人的例子；最後，再找一個反面例子來佐證，即無法愛上工作的人，每天一定很迷惘和痛苦，最後便無法持續。最後的結論就是用來驗證自己所說的「激發熱情就是要做自己所愛，或愛自己所做」，如此一來，整篇文章或論述就會很清楚。

說話最忌繞圈，簡短有力最有效

現在的媒體下標題總是「語不驚人死不休」，標題聳動又刺激，讓人非得立即閱讀不可。這就是抓住讀者注意力的不二法門，也說明了標題的重要性。在跟老闆報告時，房屋訊息架構也很管用，舉例來說：

你：「老闆，根據調查，明年的景氣會好轉，所以我建議今年要先在ESG方面布局，增設永續長一職，才能繼續領先業界。」（這裡運用先講結論的技巧，讓老闆知道你想表達的重點。）

老闆這時已經豎耳聆聽：「怎麼說呢？」

如此說明，老闆一定覺得你言簡意賅，思考有邏輯又言之有物。接著，你再闡述支持點，包括：

①根據主計處的預估，我們的產業明年將會成長三〇%。

②目前ＥＳＧ已是全球趨勢，而我們公司不僅是業界的領導廠商，而且在這部分會有更多碳權的需求，所以我建議公司在ＥＳＧ上增設永續長一職，專責擬定ＥＳＧ方面的需求，以連結我們公司的成長策略。

如此一來，整個論述聽起來簡明扼要，總之，先講結論就對了。

不過，如果你用下列方式對老闆說明，那就慘了：

「老闆，我發現主計處預估明年產業會成長三〇％，而ＥＳＧ也是全球趨勢，所以我們公司在ＥＳＧ上可能會需要更多的碳權，我認為應該早一點布局，我們需要一個ＥＳＧ的大策略，這個大策略必須要圍繞著全球趨勢走才能有效。我已經跟團隊討論，團隊也都覺得可行……。」

這時老闆心裡一定在想，這些我都知道，你到底想說什麼？所以呢？接下來老闆可能就會告訴你「所以呢？」

在溝通上，很多人都犯了這種毛病，先陳述原因、先鋪陳背景，繞了一大圈，聽的人早已意識渙散，思緒早就跑到雲端了，有的人繞了一大圈也沒說到重點，後面再精采也沒用。有些人則是平鋪直敘，沒有總結、沒有起承轉合，以至於大家有聽沒有懂，各自解讀，沒有共識。

既然如此，我們為什麼不練習將自己要說的話，試著用「結論式」的方法來起頭，用「標題」來思考主題，然後再找支持點呢？用這樣的方式來說話，至少不會脫離主題，更何況，一開始就先破題，不但聚焦，也不容易被誤會。只要學會房屋訊息架構，多加練習，相信你很快就能變成言之有物，又有邏輯思考的說話達人。

社群年代要懂得用故事說話，打動人心

不離題、有驚喜、有梗，才能引起觀眾的注意。

現在是一個說故事的年代，在社群媒體裡要引人注意，除了圖片和影像之外，最重要的就是你要會「說故事」。大家回憶一下，我們每天要參加多少會議、出席多少活動、聽多少簡報，但是真正有趣、吸引我們的場次到底有多少？還有，我們常需要自我介紹或介紹公司的業務項目，該如何做才能立刻吸引客戶目光？真正讓人眼睛一亮的時刻其實少之又少吧！大部分的經驗是枯燥無比，這中間最大的原因大多是「缺乏說故事」的能力。

不要認為會說故事的人只是耍嘴皮子，關鍵時刻它或許能扭轉乾坤或化險為夷，曹植的七步詩或《格林童話》中一千零一夜的故事，就是最好的救命符。因此會說故事不僅能打動人心，還能反敗為勝，其影響力不可謂不大。會說故事的人像是魔術師，

總可以啟發人們最深處的觸動。只講道理的演講令人打瞌睡，只有故事才能引人入勝，**越是大道理，越要用小故事畫龍點睛**。

行銷人員要會說故事，品牌才會打動人心，產品才賣得出去；而CEO要會說故事，個人理念才能被傳達、激勵人心。我們平時運用案例、圖表、照片等，都是為了增加演講的豐富度，但是故事卻是其中最吸引人的元素。「說故事」的精髓在於打動人心，激發人性。在影像聲光及大量資訊的刺激下，**現在消費者的注意力只有八秒，比金魚的九秒都還要短，所以沒有說故事的能力，就很難吸引人們的目光**。

在《TED十八分鐘的祕密》演講書裡，其中最重要的精髓就是要會說故事，怎麼樣用故事把你整個論述支撐起來，讓聽眾進入情況，而且受到激勵和鼓舞。如果只是陳述理論，相信大部分的聽眾早就離席了。

在3C年代，消費者的專注力比以前更是縮短，只剩八秒鐘，所以如果你沒有在影片或文字一開始時就引人入勝，八秒鐘之後人們就已經琵琶別抱。現在Tik Tok短影音為什麼這麼受歡迎的原因，關鍵就是創作者必須在短短的幾秒鐘之內就要讓人們看得懂，並且知道你想要說什麼，最好還要有梗、有趣，就這麼短短的幾秒鐘之內要集中所有的精華，把故事訊息說得簡單又準確，真的不容易，但可以練習。

比起冗長文字，用圖片或影片呈現故事更吸引人

在我公關生涯中有一個有名的案例。美國一個宣導健康的公益中心做了一項調查，發現一包爆米花平均含有三十七克的飽和脂肪，但如何讓人們了解「三十七克的飽和脂肪」意味著什麼，進而讓人減少食用？原本他們發了一個四平八穩的新聞稿，結果隔天完全沒有任何曝光。

於是他們想到一個妙方，在記者會的主要訊息寫著：「在一般電影院買到的爆米花，一份所含的脂肪量，超過一份培根蛋早餐，加一份大麥克漢堡附薯條的午餐，再加上一份全套的牛排晚餐。」

他們甚至在電視機前展示了這套油膩大餐的畫面。這個畫面被美國各大電視台頭條播送後，嚇壞了全美觀眾。於是，這個觀念被成功地推銷出去，造成消費者罷吃爆米花，迫使各大戲院改用「好油」來爆玉米花。

另一個案例是來自最會講故事的好萊塢。好萊塢的製片公司每個月會收到上千份的拍片策劃案，這些提案人每人只有約十五秒鐘的時間，可以將自己的電影架構與內容說清楚。其中最好的案例是電影《異形》（Aliens），在這「黃金十五秒」當中，只

用了四個單詞，即「sharks in the spaceship」（太空船裡的《大白鯊》），就得到了製片的青睞，因為《大白鯊》的電影已經讓大家耳熟能詳了。這就是會運用故事的技巧。

所以厲害的提案會在主旨中就破題，用簡單一句話來表達完成。後面只是引發大家的興趣提問，然後你再解釋，提案就成功了。

好的故事必須要有一個精簡的主題，然後整個故事的發展就要圍繞著這個主題，不能離題太遠，有好的案例，有驚喜，有梗，才能引起觀眾的注意。

觀察消費者需求，找到好的故事點

消費者的痛點，往往是好素材。

做品牌行銷的人，都在找好的故事，這個技巧運用在商業及行銷上，更是力量無窮。至於怎麼找故事點呢？其實最重要的就是要找出消費者的洞察，也就是消費者的「痛點」在哪裡，以及和這個產品的情感連結在哪裡，他們為什麼要買這個產品。

消費者的情感因素是什麼？什麼可以觸動他？這是非常重要的洞察。所以通常行銷人員要有一顆敏銳的心，多觀察，多問為什麼，當然還要做精確的調研和訪談，去傾聽消費者的聲音。

未來社群媒體的吸引力焦點，就在於會說故事的人。會說故事的人，通常引人入勝，深深被吸引，流量就這樣帶來了商機。如果你想說好故事，以下是你可以練習的幾個祕訣：

①要想一個引人入勝的開始

故事的開端是最重要的，能不能吸取觀眾的注意力，在前幾秒鐘就是關鍵，才能讓他們想繼續看下去。

②要有梗

必須設計有趣和多層次的角色，讓他們有獨特的個性和獎勵，包括節奏感、衝突挑戰和轉折，才能讓觀眾投入其中，與角色共舞。

③能夠引起情感共鳴

好故事能觸動觀眾的情感，通過情感交流，可以引發觀眾的同理心，與故事產生情感連結，這就成功一半了。

④要有獨創性

就是最好能有創意和獨特性，不要是老梗，讓觀眾一猜就中，而是要能勾起好奇心，最好能有意想不到的情節。

⑤結局

好的結局可以為故事做個完美的詮釋，讓觀眾意猶未盡或是有所思考，對故事留下深刻的印象。

之前台灣電視上有則廣告引起很多關注，一家氣密窗品牌拍了一支完全沒提到產品功能的廣告，他們說了一個小故事，「鏡頭前一位年輕女孩聽到前男友要結婚的消息，雖然心裡滴血，但還是強顏歡笑祝福男友後離開。一回到家後，情緒崩潰地抱著好友，在她面前嚎啕大哭了一場。」

鏡頭就從窗內發洩般的哭聲轉到窗外的車水馬龍吵雜聲，一道氣密窗阻隔了窗裡窗外，包容了女主角最脆弱且不為人知的心靈。多麼有溫度的故事，令人沉思，雖未提產品的隻字片語，卻知道它要表達的是什麼，讓人馬上對這家公司的好感度加深。像這個故事的鋪陳，就完全符合上述所說的五個關鍵要素。

市場行銷無處不在，除了有好的點子及創意，還得加上好的說故事能力，才能把創意賣出去。**另外在做簡報時，除了文字之外，要多用圖表、照片或是案例，來增加趣味性和吸引力。**

線下培訓時，我常常喜歡讓團隊練習「一分鐘接力說故事」，並選出「故事王」，通過日常的訓練，大家都能體會到說故事的魅力。我鼓勵各位職場工作者，將說故事的能力運用在日常的彙報及會議主持中，相信這會使你的溝通及演講能力大幅提升。

最重要的是，故事本身最好能有其真實性和真實的情感，這更能夠觸動觀眾的心靈，所以好的故事可以先從自己的真實經驗開始訴說。

說故事，先從「自己」開始說起

要學會說故事，得先從說自己的故事開始練習，尤其是自我介紹，因為說跟自己有關的事情最熟悉，所以不妨思考「我有什麼特色」、「有什麼優勢」，或是「有什麼專業」、「想要大家知道什麼」，有沒有什麼曾經發生過的經驗，可以來突顯我的特色，我對大家可以貢獻什麼。像這些都是很好的素材，把它連接起來，就會是很好的故事。

每個人一輩子都有無數次自我介紹的機會，你會發現有的人侃侃而談，精采絕倫，有的人交代了事，只會說「我叫某某某，很開心認識大家，謝謝」，這樣的自我介紹絕對不會讓人印象深刻，有說等於沒說。

有一次，我參加一群大學生的聚會，活動一開始，主持人要每個人花一分鐘自我介紹，其中有一位女同學被票選為自我介紹最令人印象深刻的學生，她是這麼說的：

「大家好，你們有沒有注意到我有一個很特別的地方……（停頓），就是我的皮膚很黑，你們猜猜是為什麼？因為我媽媽說她在生我的時候，特別喜歡鹹的食物，沾了很多的醬油，所以我的皮膚才會這麼黑，這也是我的綽號叫小黑的原因。小黑這個綽號跟了我二十年，但是我告訴你們一個祕密，就是其實我心裡很白、很善良，而且我很溫柔，我飼養了一對流浪貓，希望有一天我的綽號能變成『白雪公主』，我會很開心。」

你們聽聽看，這樣的自我介紹是不是很有賣點，不僅讓人記憶深刻，而且還傳遞了她愛護小動物的美好價值觀，自從這個自我介紹之後，同學們對她的好感度也增加。結果她的外號從此變成「白雪公主」，我相信這也是她預料且期望的結果，這樣的人就是聰明且會說故事的人，引導大家叫出她想要的綽號。

說自己的故事，找出你的特色，再用故事把它串連起來，最後傳遞你想要表達的主要訊息。不妨多練習看看，一個會講自己故事的人，終究也會是好的溝通者。

與年長者交流時，「關懷」為上

跟老人家溝通時，更是要注意他的需求，尊重他的意願不要太勉強，用撒嬌的口吻就比較能讓對方聽進去。

隨著人口老化的趨勢不斷加劇，身邊的年長者或資深同事越來越多，尤其是在餐飲服務業，通常都是年輕人要服務有錢、有閒的年長者，我自己也是漸漸成為年長者，年輕人面對這樣的社會趨勢，如何與年長者溝通也變成一門很重要的技能。

與年輕人相比，年長者可能有不同的價值觀和生活經驗，他們的聽力和視力可能有所下降，因此需要我們採取特定的策略來進行交流。年長者也可以分輕熟齡及熟齡。現在的年長者跟以前不太一樣，許多人保養得宜，不但有活力也看不出年紀，因此已不能用「年紀」來判斷對方是否為年長者，得用心態來看。

有些人可能會對年長者有一些不正確的偏見，例如認為年長者缺乏動力或精力。**事實上，我們應該尊重年長者的能力和獨立性，避免刻板印象**，其實可愛的老人家還是很多，很多人說老人家到最後都會像孩子一樣，所以若能以帶孩子的耐性來關心他們，相信對話就會容易許多。

以下是一些與年長者交流的技巧，大家不妨試試看：

①了解年長者的特點

年長者可能比年輕人更加情感化，更喜歡回憶過去，因此與他們聊天時，可以談論他們的回憶或經歷。此外，年長者的聽力和視力可能會下降，需要注意語速和聲音的音量。

②使用簡單明瞭的語言

我們要避免使用太多的專業術語、流行語或繁雜的句子結構，信息傳達要清晰簡明。用簡單的單詞和短語，有助於提高與年長者的溝通效果。

③表現關懷

當你與年長者交談時，要保持眼神接觸、微笑並採取積極的肢體語言，讓年長者感覺到我們的關注和尊重。如果能以一種鼓勵及關懷對話的方式，來表達自己的觀點，便能有助於保持對話。

④良好氛圍

說話時要注意維持在愉快的氛圍中，盡量避免會破壞氣氛的主題，尤其在對自己的父母說話時，更應該如此。

⑤善用回顧法

年長者可能更加情感化和容易回憶過去，建議詢問他們的人生經歷，回憶過去的時光，或者向他們請教一些關於歷史或文化的問題。這些不僅可以增加談話的樂趣，還可以促進對話上的交流。

⑥尊重年長者的觀點

年長者的價值觀和信仰可能與年輕人不同，我們需要尊重他們的觀點。與他們交談時，要保持開放的態度，積極聆聽他們的想法，並嘗試從他們的角度去看待問題。如果有不同的觀點，可以嘗試以和平的方式進行討論，理解他們的觀點和想法。

總之，與年長者進行有效的溝通需要耐心、尊重、理解和注意。

不勉強老人家，在尊重他的前提下來對話

以我來說，最近我與九十歲的父親對話，想鼓勵他多去外面走走，不要老待在家裡，我當然不能直接責怪他，而是要用鼓勵、關懷的方式來完成，但過程中也不能太勉強，必須站在他的立場思考，於是我這樣開啟話題：

我：「老爸，你幾個女兒最近想去花蓮旅行，你想跟我們一起去嗎？」

父親：「我現在太老了，身體不舒服，不太想走，我不想去任何地方。」

我：「我們這次是坐火車去，沿路你可以看風景，我陪你聊天，一點都不會無聊，我安排的行程也不需要走太多路。」

父親：「哎呀，我真的不想去。」

我：「哎呀，你以前待鐵路局的，不是最喜歡坐火車嗎？去之前我會帶你去看醫生，先問過醫生再拿藥，不會讓你走太多路的。」

父親：「如果醫生說可以，也不要走太多路，我會考慮考慮。」

我：「太好了，那我就先訂車票了，如果你真的不舒服，我就去退票好嗎？」

就這樣，我幾個姊妹們終於完成帶父親出去旅行的願望。原來他最在意的是，萬一身體不舒服沒有藥吃怎麼辦，所以我們先帶他看醫生，解決了他的疑慮，他的意願就提高了，再補上他隨時都可以取消的自由，他的態度也因此軟化許多。

所以跟老人家溝通時，更是要注意他的需求，尊重他的意願不要太勉強，用撒嬌的口吻就比較能讓對方聽進去。

第二章

說話未必要帶鋒芒

說話犀利固然厲害，但留點溫暖更迷人

好話、讚美要大聲說，若是別人的痛，則在私底下給予溫暖。

會說話的人很多，但是可以做到口下留德、適可而止的，真的是少之又少，尤其是居上位者，位高權重，話一出口無人敢反抗，於是越說越直白。或是聽明伶俐的人，反應快，同樣話一出口無人可招架，讓人像吃了記悶棍。由此可見，說話可以犀利，但不能傷人。

這讓我想到以前收視率相當高的《康熙來了》，節目中的蔡康永經常當小S的剎車者，小S負責製造節目效果，可是他經常在小S玩笑開到危險邊緣時，及時將話轉圜，說到觀眾想聽的極致卻又不逾矩，嘲笑來賓卻不尖酸刻薄，真的是不容易。

在很多社交場合裡，我們也經常看到有些人口無遮攔，仗著跟他人的交情較好，便把人家的私事搬到檯面上來揶揄，揶揄過了頭，讓當事人相當錯愕，多年友誼就因為這樣而沒了。我們真的沒有權利在別人的祕密及痛處上撒鹽，我覺得說話犀利可以，但是留點溫暖更迷人。

我記得之前有位電視主持人總喜歡去戳來賓的傷疤，以為好笑，卻往往讓當事人笑不出來。像之前有一位藝人傳出中樂透，此後他上每個節目談到錢的話題時，中樂透的事立刻被拿出來加料嘲弄。還有一位藝人因為和女友上汽車旅館遭偷拍，主持人或來賓動不動就笑他可以當賓館代言人。像這樣的嘲弄就有點過頭，在人家的祕密上公開嘲諷，雖說是為了節目效果卻不顧當事人的感受，日後有的人更因此反目成仇，不再來往，得不償失。

我們要警惕，在社交場合及人情世故上，要避免這樣的狀況發生，越好的朋友，越要幫別人守住祕密，也不要以為對方是自己的好友而代替他發言。我曾經有一位朋友因為出國休息一陣子，沒有出現在社群裡，他的好友透露他正在進修，努力為接班做準備，結果惹出了不少流言及不必要的麻煩。

記住一個法則，不要代替他人發言，縱使是好朋友。不要以為你很了解對方，就可以說出他的現況和感受，除非你得到他的授權。這樣的法則運用在公眾採訪或演說也是一樣的道理，**尤其越敏感的話題越不要說，若非說不可也不要說太多**，簡單表示「我也還在了解狀況中」即可。

一般愛說話的人話經常不吐不快，但往往危機也是這樣發生的。我經常在處理客戶的危機時，也幫他們做媒體訓練，發現很多客戶之所以會出錯，都不是不會說話，而是話說太多。因為說太多，所以被斷章取義，因為說太多以至於圓不回來。所以說話要恰到好處，絕對不能隨性、看心情，不經大腦脫口而出。

將心比心，說出的話才有溫度

話每天都在說，當然並不是每件事都要準備好才能說話，但職場上重要的事件，像是和老闆談話、要求加薪、說服客戶、主持會議、談判、簡報演講，甚至是回一封重要的郵件，都要事先準備，想好主軸及主要訊息，才能不出錯。接著就是練習、練習、再練習，才能達到目標。

因此，沒有所謂天生的媒體寵兒，會說話的人其實都是準備好的，知道自己要說什麼才開始說話，但說出的話給別人的感受，和這個人的風格也有很大的關係。回到前文提及的蔡康永說話之道，我認為除了會說話，懂得說話技巧之外，性格和心態還是相當重要的。如果你是位厚道的人，說話就不會因為要製造節目效果而去傷人；如果你是位有同理心的人，就會將心比心，知道對方的地雷區在哪裡而不會硬揭瘡疤。所以話怎麼說，其實反映一個人的「心態」。

相由心生，話也由心生。《康熙來了》的成功之道就是兩位主持人知道訪問來賓需要製造爆點，但也知道適可而止，一人放，一人收，一放一收之間，讓人看了有戲卻又謔而不虐，才是高明。

如果我們能心存善意，欣賞他人的優點，這樣你在和對方溝通時，他一定也能感受到你的好意，進而對你不設防，說出他想說的話，這樣你反而得到更多的資訊，這也就是我們常說的「吃虧就是占便宜」。

尤其當主人，為了要讓賓主盡歡必須口吐蓮花，不管再怎麼看不慣的事情，都還是要放大來賓們的優點，絕對不要去戳人痛處。對別人的好話、讚美，在公眾場合要大聲說，若是別人的痛，則在私底下給予溫暖，這才是成熟大人的說話智慧。

看透不點破

對自己有利卻忍住不說，是給人留餘地的一種處世之道。

延續上一篇所說的，知道別人的弱點和痛楚卻選擇不說，這就是一種「看破不點破」的藝術，縱使對自己有利卻忍住不說，這是給人留餘地的一種待人處世之道，也是更高的做人素質。

有一個網路故事或許你也聽過。某天晚上，有個女孩在機場等候飛機，她找了個地方坐下並聚精會神地看書，卻無意中發現，那個坐在她身邊的男人，竟未經允許就從彼此中間的餅乾袋裡，抓起一兩塊餅乾塞進嘴裡，她忍著氣，當那個偷餅賊繼續消耗她的餅乾時，時間也一分一秒地過去，她也越來越氣憤，心想怎麼會有這麼沒禮貌的人，拿別人的餅乾還這麼理所當然。

接著每當她拿一塊餅乾，他也跟著拿一塊，只剩下最後一塊時，他的臉上浮現出善良的微笑，把它分成了兩半後遞給她半塊，自己開心地吃著手中的另一半，女孩心中充滿了憤怒，非常不開心地以臭臉面對那位男子，直到當她登機後，把手伸進皮包時，吃驚地摸到了一袋沒有開封的餅乾，此時才發現自己誤解他人，原來沒禮貌的是她自己，當她懊惱萬分卻再也沒有機會說抱歉了。所以看破不點破的這位男子，是不是具有絕高的ＥＱ和智慧呢？

不逞一時之快，避免換來無法挽回的結果

我之前還在公關公司工作時，服務客戶時也常替當事人背黑鍋，碰到客戶的窗口明明答應或同意的事情，但到了他老闆那裡時，因為見老闆臉色不對，便馬上見機行事，甩鍋給你，這時你該怎麼辦？

事情是這樣，有一次，客戶的窗口希望我們可以找某明星來當代言人，但我們覺得這個代言人與客戶的形象及屬性不符合，因此建議找其他人，但這位窗口堅持想要找這位代言人，希望我們把他放在企劃案裡。果然企劃案到客戶老闆手上時，被詢問為什麼找這位代言人，不論我們怎麼解釋與圓場，老闆都不買單，並不斷詢問窗口，怎麼會找這麼形象不符合的人，結果該窗口馬上甩鍋表示「這是公關公司建議的，我

也覺得不好」，我們身為代理商不好當場戳破，只好笑笑回答「代言人還有其他備案」，趕緊拿起我們的備案來翻盤。

還有一次客戶舉辦記者會，希望我們不要邀某報社跑這條線的某位記者，改邀該報社另一位記者，我們建議最好不要這麼做，可是客戶還是執意去邀，於是兩位記者都到了，果然該線記者非常不高興地向客戶抱怨，怎麼會讓他的同事來參加，結果客戶在媒體前不敢承認，馬上推說是公關公司建議的，讓我們的同事啞巴吃黃連，日後還要找機會修補媒體關係。

這時候，我們該去戳破客戶嗎？我的答案是「萬萬不可」。你扛下來了，客戶會不知道嗎？你讓他在老闆和記者面前保全了面子，他心知肚明，下回還會刁難你嗎？倘若你一時受不了委屈，在老闆或記者面前揭穿他，恐怕被請走的不是他，而是你跟你的公司。當然也有一些慣客戶，故技重施，倘若如此也就只能跟這位客戶說再見，反正江湖有道義，傳出去對他也沒有好處。

我的意思並不是勸大家凡事要隱忍，而是要視狀況而定，如果逞一時之快的結果並沒有更好時，還不如先忍住，找機會等待水落石出。如果面臨到「是可忍，孰不可忍」的狀態，你決定要捍衛自己時，就不要再擔心與對方的關係破裂，最好一刀斃命，理直氣和地說出所以然來，讓對方無法反駁，**不要說了卻說不清楚，那還不如等證據都收齊時，再為自己扳回一城**。

前文擁有餅乾的男子，其看破而不點破是一種修養，他慷慨地與女孩分享餅乾而不說破，反而讓女孩愧從中來。我的客戶因為我們幫他擋了子彈，事後會更珍惜夥伴關係，找機會彌補我們的損失，對我們的信任日漸增長。

看透而不點破，需要一些「忍一時之氣」的修養，人和時機都很重要，並不是所有事都要爭個水落石出，天亮也總得等到明天吧！

有些話，就是不能說出口

它比刀子利，會在心裡留下烙痕，永不消失。

有天在網路上看到藝人寇乃馨的一段演說，她說，她曾經用狠話傷害過最愛的兩個男人，一個是爸爸，另一個是老公黃國倫。一開始爸爸反對她與黃國倫交往，某次在電話裡對她說：「如果妳真的要跟他交往，我就不認妳這個女兒。」她聽後回答：「好啊！你覺得從什麼時候開始比較好？」把爸爸氣到差點送醫急救，她事後非常後悔。

還有次跟黃國倫吵架，她口不擇言說：「你哪一點配得上我寇乃馨啊？你知不知道你離過婚，你是二手貨。」黃國倫沒有回嘴，轉身收拾行李，離開時看了她一眼說道：「乃馨，有些話是不能出口的，妳知道嗎？」說完後便離家出走三天。黃國倫回家後，寇乃馨抱著他痛哭。她說，越會說話的人，越容易用言語去傷人，所以她自己也有反省，呼籲絕對不要講出那些會後悔一輩子的話。

對於最親愛的人，我們最清楚他們的弱點，也因此若要傷害他們，很容易就一槍斃命，命中要害。那是因為他們心甘情願地把最脆弱的一面展示給我們，給予我們最無私的信任，但是我們千萬小心，不要消費這份信任，說出一輩子都會後悔的話，因為有些話就是真的不能說，它比刀子利，會在心裡留下烙痕，永不消失。

不讓人難堪，也不拿「弱點」來開玩笑

通常伶牙俐齒的人最容易辯解，或用言語打動人，但也最容易傷人。它像刀，不是救人就是傷人，因此要不斷地提醒自己，不能太「靠勢」（台語，仗勢欺人的意思），尤其是將人踩在腳下，損人自尊的話更是不能說出口，譬如像「當初要不是我娘家你怎麼會有現在……」或是「你比○○○都不如」等話語，這種話就是故意讓人難堪，並把人看得比自己低下。這種話讓人無法忍受，何況是最親密的人，更是情何以堪。「同理心」永遠是溝通者應該要學的。

還有些話也不能說，就是對方天生的弱點、對方在意的點及對方的底線，你明明知道那是事實，但就是不能說。有些人很在意禿頭，你就不要在他面前虧他這點；有人在意身高，你也不要白目把它當笑話講。朋友間可以開玩笑，但是他在意的弱點對他而言，可一點都不好笑，因為這些弱點或許不是他可以改的。再來就是，別隨便拿

別人以前的糗事或挫折當玩笑開，你自覺好笑，但對對方而言，就像一把刀刺向自己，令人難受，千萬別得罪了朋友再來後悔。

此外，也千萬別把話講絕，連台階也不留給自己。譬如，女性最容易跟老公或是兒子說「如果你不如何如何，就不要再踏進這個家門」、「你現在就給我滾出去，不要再回來」，或是「不要再讓我看到你」等話語，如果孩子正處於叛逆期或另一半很倔強時，就有可能真的逼走一個人，且深深地在他心中留下一道傷痛的疤痕。

在情緒快要失控，說出傷人的話語前，自己要有警覺，不妨深呼吸一口氣，寧可閉上嘴巴，也不要說話。**因為在生氣失控的狀況下，說出來的話都不會好聽。**

我在前文提過，曾經在盛怒之下罵了一位工作夥伴，他憤而辭職，我也沒台階下，只好簽了辭職信，但是事後我非常懊惱，就此失去了一位好夥伴，這就是不好好說話所付出的慘痛代價。

有些話是真的不能說出口。話，要好好講，愛才能浮現。

傾聽要專心，避免一心多用

學會這些傾聽技巧，至少可以讓我們在溝通時，讓對方知道在這個時刻，我們是完全重視、尊重他，與他在一起的。

在溝通學裡，大家都知道「傾聽」是溝通的最基本要素，非常重要，但是我們往往以為耳朵有在聽就好，可以一心多用，但是對於對方而言，卻會覺得你心不在焉，根本沒在聽，所以也就不想講。很多夫妻吵架，就是覺得對方沒有在聽我說，但是對方卻說：「我耳朵是張開的，你怎麼會知道我沒在聽？」這也是為什麼溝通之所以困難的緣故。

我自己就有切身之痛。剛創業時非常忙碌，經常帶著女兒工作，每次女兒想跟我說話，我就會說「妳說啊，我在聽」，但事實上我卻眼睛盯著電腦螢幕，手上拿著手機或打著鍵盤，根本和她眼睛也沒接觸，我以為這樣可以節省時間，可以一心多用，沒想到女兒卻感到非常挫折，才四、五歲的她經常用手把我的臉扳過去，但我總是很生氣地說：「我耳朵有在聽，妳不要吵我。」

從此她便閉上嘴巴，隨著她年紀漸漸長大，有一陣子懶得再跟我溝通。這是長大之後她才跟我說的，她小時候感到最沮喪的一件事，就是我不好好聽她說話。我自以為聰明，可以一心多用，沒想到卻錯失跟女兒最重要的溝通時機，現在反省起來真的是得不償失，因此希望正在讀本書的你，不要再犯這樣的低級錯誤。

「傾聽」到底需要什麼技巧？其實是有的，以下有幾個是我們可以注意的地方：

①專注

專注是傾聽的基礎。當我們傾聽別人時，試著將注意力集中在對方身上，排除干擾，專心聆聽。像我一邊打電腦一邊聽我女兒講話，女兒的感受一定是覺得我不關心她，或甚至覺得她沒有我的工作來得重要，因此這溝通一開始就沒有尊重對方。

②理解

傾聽不僅僅是聽到對方的話，更要理解對方的意思和感受。試著通過發問、回應和重述的方式，確認自己是否理解對方的話。以學生來說，只要能多問老師一句「所以您的意思是……」，再確認一次就不容易失誤了。

③不要打斷

當對方講話時，不要打斷他，等他講完再進行回應。這樣可以讓他感到被尊重，也可以讓你更好地理解他的話。尤其當主管的性子急，對下屬談話經常沒有耐性，也經常打斷對方說話，因此讓下屬心情更緊張，不敢再表達下去，或只敢報喜不報憂，這樣也錯失了溝通的目的。

④注意身體語言

當你在傾聽時，注意自己的身體語言，如眼神、面部表情、姿勢和手勢。這些會表現你的專注和關懷，同時也可以注意對方的身體語言，讓你更好地理解對方的感受和意思。

⑤表達同理心

當你在傾聽時，試著表達同理心，讓對方感覺到你理解他的感受和經歷。可以用一些措辭，如「我能理解你的感受」或「我聽到你的困難是……」，這樣可以令對方感受到你是支持他的。

⑥注意自己的情緒

當你傾聽時，試著保持冷靜和客觀，不要將自己的情緒帶入對話中。如果你感到情緒激動，可以暫時停止對話，等自己冷靜下來後再繼續。

很多夫妻或親子間之所以溝通困難，就是因為有一方覺得對方沒有真正的在傾聽，因此學會這些傾聽技巧，至少可以讓我們在溝通時，讓對方知道在這個時刻，我們是完全重視、尊重他，與他在一起的，縱使當下無法解決他的困難，但是在情感上，對方一定也會覺得有得到你的支持。

話說半分滿，事做一分滿

前者是給自己留後路，有轉圜空間；後者則是給自己一個專業表現的機會，不打折扣。

職場上我們經常會碰到一些很會吹噓自己的人，他們總是在眾人面前談得頭頭是道，把自己吹捧得好像是無所不能、很厲害的人，感覺機會似乎比較容易被他們拿走。然而我們一時也不清楚他們說的是否屬實，有時候會因此做了錯誤的判斷。我以前就是不知道該如何判斷別人說的話，因此吃了不少虧。如果遇到這樣的人，要如何應對才不會陷入他的局，甚至做出錯誤決定呢？

我曾遇過一位客戶的窗口在做比稿前的說明時，我們問了一些問題，例如：你們品牌的精神是什麼？為什麼會想要做這樣的活動？跟品牌核心價值有什麼關聯？他回答不出來，因此惱羞成怒，要我們自己回去做功課再來發問。因為他過度揣測老闆的喜好，再加上要掩飾自己的知識不足，最後導致我們團隊提案的方向錯誤，因此結果並不符合客戶老闆需求，讓我們白忙一場。

另外，也曾經碰過過度吹噓的員工，應徵時把自己講得很有經驗，進來公司之後，當主管分派一些他自稱熟悉的任務時，卻因為心虛不敢承認不懂，也不敢請教他人而硬接下來，最後把專案搞砸了才被發現。這也讓我重新反省，自己在應徵新人上經驗不足，對過度吹噓自己的人要有警覺。

那我們應該如何預防這樣的事呢？不拆穿他，但又不讓自己陷入被蒙蔽的困境，其中最重要的技巧就是保持冷靜，並盡量詢問細節和數據，尋求證據，這樣就可以幫助我們判斷他的說法是否屬實。如果在當下他的眼神游移，支支吾吾說不出個所以然來，就表示我們要保持懷疑的態度。

舉例來說，假設你在工作場合遇到一個可能合作的人，他經常吹噓自己的業績和能力超過其他人，若你分不清楚真假，便可以如下例子追問細節，以便了解更多來判斷對方說的是否屬實。

對方：「我今年的業績遠遠超過其他人，是公司中最出色的銷售人員。」

你：「聽起來很不錯。你能給我一些具體的數字和數據嗎？我很好奇你是如何達到這樣的成績。」

這樣一來，你給了他機會展示他的真實成就，同時也表明你對細節和實際證據的重視，亦能同時保持冷靜和專注於自己的工作，不陷入對方所設的局裡。

好話要留給別人說

出社會一段時間後，我悟出一個道理，就是「話說半分滿，事做一分滿」的做人處事哲學。話說半分滿是給自己留後路，有轉圜空間，事做一分滿是給自己一個專業表現的機會，不打折扣。

俗話說：「半桶水響叮噹。」意思就是說，只會一半學問的人，總是講話最大聲。在職場上這種人常會膨脹自己有限的所知，因為要掩蓋心虛，快速建立自信，總是把話說得很滿、很絕對。當你提出質疑，會引起他更大的防衛，把話講得更沒有彈性，活像一隻紙老虎，深怕被人看穿。等事情發展到不同於所說的情況時，往往會讓決策者判斷錯誤而錯失良機。

漸漸地我發現，完全不懂的人反而比較容易誠實，因為沒什麼好說的，說多容易有破綻；完全了解的人則不怕別人挑戰，所以最謙虛。唯有懂一半的人，半桶水響叮噹，用大聲說話來掩飾自己的不足。因此願意承認自己的不懂，反而是最有自信的人，他們不怕被嘲笑，因而得到別人的助力。這些真正虛懷若谷的人，認為天外有天，不敢居功且繼續學習。

當話說得太滿，壓力總是隨之而來。由於能力做不到自己承諾的，為了好強就硬撐，逼自己去面對或接受高於能力的難題，這些人其實活得很辛苦。真正的自信是有多少實力說多少話，不怕被人看穿，勇於承認自己的不足，這樣反而會得到他人的幫助及尊重。

至於「事做一分滿」是相對於自己所說的承諾，說到做到，不僅負責任也是自我承擔的練習。對於話已說了十分滿的人，唯一可以挽回信用的就是讓做的事與說的話一致。所以「話說半分滿，事做一分滿」反而讓人驚豔，也是維持信用與建立聲譽的不二法門。

有些話留給別人說更有力量，尤其是吹噓自己的話。

言多必失，有時「沉默」也是一種語言

話不在於多，在於鏗鏘有力，在於內容。

在社交場合裡，我們經常羨慕那些侃侃而談、舌粲蓮花的人，他們總能吸引他人目光，散發能量，我們總覺得這些人應該是有與生俱來的魅力，輕鬆就能炒熱氣氛。

但事實是如此嗎？並不全然，畢竟擁有這樣能力的人還是少數，多數的人會有如此表現，是因為職務需要而賣力演出，像藝人、脫口秀演員或是超級業務員，但事實上下了舞台，回到一般日常，也不見得總是如此。但為什麼我們總是特別羨慕可以炒熱氣氛的人呢？我發現因為「沉默」會讓很多人不知所措，容易讓人窒息，因此很多人會想去避免發生這樣的事，尤其是自己當主人時，讓場子氣氛熱烈起來好像就變成一種責任。

侃侃而談的人不見得比沉默的人強大。有一種人非常健談，在聚會裡他們總是口沫橫飛，但大部分內容是以自我為中心，吹噓自己的豐功偉業，或是有一種人話多卻沒有重點，繞來繞去都說一樣的內容。其實慢慢地你會發現，這些話特別多的人，反而表現出他的不安全感，很容易被看穿，倒是那些話不多的人，當他說話時你會特別專注，想聽他想要表達什麼。

在職場上沉默是很大的力量，雖然沉默會讓人心慌，但是沉默也會穿透人心，尤其在談判時，沉默會令對方茫然失措，誤判情勢。在對峙的時候，它會產生一種凝聚而不可動搖的神祕力量。質詢時，沉默會讓對方說出不該說的話，聰明的人知道如何利用「沉默」來造成對方的壓力，迫使達到自己的目標。

演講若要讓台下觀眾注意聆聽，有個有用的技巧，就是「在重要的地方停頓幾秒」，那時空氣會凝結，有些尷尬，但是全場的觀眾都會聚焦在你接下來要說的話。這時再緩緩說出的話會變得非常聚焦，這就是善用沉默的力量。

空檔會讓人心急，反而容易講出不該說的話

在媒體訓練當中，我們發現記者很會善用這樣的技巧，他們會運用沉默的空檔，

讓受訪者越講越多。這是一種心理戰術，當你覺得對方問話停頓了，好像就有責任要填補那個尷尬的空檔，於是急著沒話找話講，然後就容易說出不該說的話，也容易說錯話。記者就是運用這種心理戰術，得到他想要的資訊。

通常面對記者時，若他問了一個有爭議性或對你不利的問題，大部分的人可能急於爭辯或解釋，可是當你解釋完，發現記者並沒有答話，給了一個沉默的空檔，受訪者就會心急，心想記者可能沒有聽懂或是不同意，所以你會更急切地想要再多說一些來解釋，於是可能就會說出原本沒有計劃要說的話。這就是記者常用的技巧，用沉默的力量考驗你，逼迫你說更多，而從中找出破綻，達到媒體想挖更多的目的。

當別人用沉默來對付你，你也可以用沉默來回擊，你沒有責任去填補他的空檔。話不在於多，在於鏗鏘有力，在於內容，有時沉默是一種武器，很有力量。

我有一位朋友原本我以為他幽默風趣，因為有他在的場合絕對熱鬧，人人都喜歡他。但是幾年過後他變得沉默，我們覺得奇怪，一聊之後才知道，以前每次聚會完他都覺得很累，原來他並不是很會聊天的人，但是因為不想讓聚會冷場，感覺自己好像有責任要去填補安靜的空檔，因此聚會時他總是想盡辦法搞笑，要幽默，讓大家都開心，但後來他覺得能量耗盡，想做回自己，現在的他不想再討好任何人，不想為了他人的開心而存在。

能夠侃侃而談又能言之有物，是誰都想擁有的能力，這種善於表達又能激勵他人的人，是天生的領導者，但若我們還不具備這樣的能力時，不需要急於表現，也不需要害怕冷場，那不是你的責任。在一個熱絡的社交場合裡，你可以表現得積極熱烈，去和他人連結，也可以選擇沉默但有禮，最重要的是，要做個輕鬆自在的自己，這就是屬於你的魅力。

孩子處於叛逆期，怎麼溝通最好？

保持開放的態度，不要有任何不以為然或不屑的表情、語言。

很多父母親對於處於青少年時期的子女頭痛萬分，甚至不知該如何跟他們溝通，經常話不投機半句多。所以朋友們經常戲稱當叛逆期的子女遇到更年期的父母，那真的是災難一場。我自己的經驗也是如此，對於青少年子女們所做的任何事情，父母若是好奇，最好以有興趣的心態去詢問，不要有任何不以為然或不屑的表情、語言，否則容易惹來崩壞式的對談，如左：

母親：「你整天花那麼多時間在電腦前，到底在做什麼？」

孩子：「反正我說了妳也不懂。」

母親：「你說說看啊！」

孩子：「我在做ＡＩ生成的繪圖。」

母親：「所以是你畫的嗎？」

孩子：「是我下指令叫ＡＩ畫的。」

母親：「既然是你叫ＡＩ畫的，那幹嘛花那麼多時間在電腦前？」

孩子：「算了，不跟妳說了。」

這樣的對話肯定會以惱怒收場，因為母親已經預設立場，就是覺得孩子花太多時間在電腦前，可能她心裡希望孩子能休息，是想表達關心，但最後從嘴巴吐出來的話在孩子耳裡，聽起來就是質疑，我們一定要記住，對於青少年要避免用質疑或攻擊性的對話，這樣很容易激起他們的反感和防衛心，自然不想再對話下去，或許我們可以換個角度對話：

母親：「你花這麼多時間在電腦前，是在做什麼作業或作品？」

孩子：「反正我說了妳也不懂。」

母親：「你說說看呀，我也很好奇。」

孩子：「我在做ＡＩ生成的繪圖。」

母親：「哦，聽起來好像很酷，我可以看看嗎？」

孩子：「好吧，我給妳看一個作品，妳覺得這個畫得如何？」

母親：「哇，畫得這麼精緻，那這要花多少時間啊？」

孩子：「其實很快，只要講幾個指令，AI就會幫我完成幾個作品，然後我再來選擇和修改。」

母親：「現在AI這麼厲害啊，原來你對繪畫這麼有想法。」

孩子：「未來我想要從事設計相關的工作……。」

在這樣的對話當中，你是否覺得母親和孩子之間，是一種相互理解和交流的過程，母親透過對話，試圖想多了解孩子，但是她用一種開放、好奇、不設限的語言與孩子溝通，建立信任的關係及共同的話題，如此一來，孩子不會感受到有任何壓迫，反而很願意敞開心胸告訴母親他不懂的地方，而且母親也以一種願意學習的心情來請教子女，孩子當然願意展開溝通。

最難得的是，母親還引發出孩子透露未來有興趣的工作方向，這就是面對青少年時的正確溝通心態。相反地，如果這時候母親馬上說「這樣的工作未來可能很難賺錢」，那就完了，孩子的防備心也會馬上築起，斷了持續溝通的可能性。

所以請記得，**永遠不要用任何有質疑的對話和孩子溝通，不要置入自己先入為主的觀念，永遠保持著開放的語言，表示好奇、接納及理解的態度**，這樣孩子才有機會持續與你對話，而我們也才有機會更了解孩子。

第三章

職場溝通，如何說最有效？

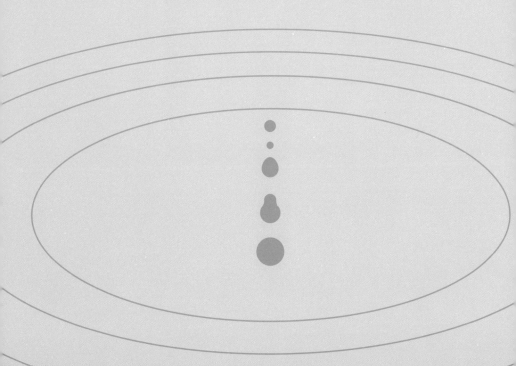

時間就是金錢，職場溝通最忌繞圈子

縮短溝通的時間，其實就是幫助企業節省成本並提高競爭力。

我本身是做品牌和公關，我經常告訴學生，為什麼要做品牌？因為品牌有一個最大的功能就是效率，什麼叫效率呢？就是減少消費者猶豫的時間，讓他們很快可以選擇你，所以效率就是商業的競爭力。

當消費者在搜尋某樣東西時，需要花時間，需要比較，當他不知道如何做選擇時，突然前面有一個他熟悉的品牌，這時他心裡會出現信賴感，所以會覺得買他熟悉而又信任的品牌就不會出錯，這時候品牌在消費者面前就是效率，因為節省了他的時間。對品牌商而言也是效率，因為品牌不需要被比較就已經被選擇了。

基於上述理由，通常知名公司的員工會比默默無聞公司的員工，更具有效率與自信，因為當知名公司的員工出去遞出名片時，他不需要解釋他是誰，對方就已經知道他是誰。相反地，默默無聞的公司員工遞出名片時，對方可能還一頭霧水，該員工必須要費一番口舌，甚至做完簡報，對方才會了解你到底是誰，這中間就比知名公司多花了很多溝通成本，你還必須培養最頂尖的業務員才有機會接觸到客戶，而且不是每個客戶都會給你這個機會解釋，這就是為什麼需要品牌，重要的是，溝通成本就是商業成本，如何有效率的溝通是商業上的必要。

這是一個講求效率的時代，時間等於金錢，效率更是競爭力的核心。研究顯示，組織中最花時間、最幫助或阻礙前進的都是溝通，所以縮短溝通的時間，其實就是幫助企業節省成本，並提高競爭力，因此提高溝通效率就是我們在職場上的能力。

說話可以很直接，也可以拐彎抹角。直接會傷人，但節省時間；拐彎抹角不傷人，但成效不彰。如何講得很清楚又不浪費時間，是一門學問。大家都覺得外商的溝通效率比較高，我們就用如下頁外商公司的溝通模式來參考，應該就能省去很多含糊、不清楚、猜測或誤解的機率了。

職場內的高效溝通模式

不要兜圈子

講真話，簡單、明瞭無須修飾。直接回答問題，不要隱瞞真相。以這種方式往往能在一次交談中就快速建立起信用。你會被認定為是說實話的人，正直而誠實。除非你需要花時間搏感情，否則在商業溝通上若要有效率，就不要兜圈子，

承認自己的侷限

如果你不知道就說不知道；如果某些事不是你最擅長的就照實說；如果沒有完整的答案也請老實說，並說明清楚哪些是你清楚的，哪些是必須再去弄清楚的。

為對方著想

如果你所提供給客戶的建議，大多是站在自己的立場時，那麼沒有客戶會真正信任你的建議。例如，當你提供的服務不符合成本效益時，可以推薦其他提供專業服務的公司供客戶選擇。這樣的替代方案反而會提升你的信用度。

承擔情緒面的風險

如果你察覺到對方的情緒有些擔心時，可以試著說「你好像有點擔心，有什麼我

可以幫忙的嗎」等話語，或許先展現關心與真誠，反而能讓對方敞開心胸說真話。

主題很重要

為每場會議設定目標及議題，這樣可以快速進入主題並聚焦，以免大家各自論述及表達意見，形成聊天大會，沒有主軸。當大家失焦時，主席也可以比較順理成章要求大家回到主題討論。

做結論

在會議或談話結束時，應該要做個總結或會議記錄，條列式的最好，不僅要列下討論內容和結論，也要列出接下來的行動由誰負責以及期限，避免對方有錯誤認知或誤解之處。

溝通是人每天都在進行的活動，但有效與否，就在於我們是否除了「講話」之外，有更多一層「人性」的思考，敞開心胸傾聽服務對象的需求，提出解決方案與建議，而不是一味地要將自己或商品推銷出去，**只有讓對方卸下心防之後，才可能使溝通變得更暢通、更快速。**

提問要聚焦，不問大範圍的問題

要確保問題具體而且措辭清晰，讓人們了解你疑惑的是什麼。

在職場上，大家都不喜歡成為接收一個口令一個動作的人，都希望可以成為一位舉一反三、自主管理的工作人。但是到達這裡之前，我們都曾經懵懵懂懂，犯過很多錯誤，付出不少代價才練就十八般武藝。

到底有沒有捷徑，讓我們少犯一點錯，早一點成為聰明的工作者呢？這其中的奧妙就在於會不會問問題。問對問題可以讓我們少走一些冤枉路，很有效率地完成任務。

我曾經碰過很多新鮮人悶著頭做事，也不問、也不互動，結果做了半天都不是主管要的，浪費時間。問他們為什麼不問，說是不好意思，怕問了笨問題。我聽到時的第一個念頭就是，如果問題很簡單，你不會先用網路查詢嗎？都什麼年代了。如果不做功課就隨便發問，當然會讓人覺得笨。

年輕人學會發問真的太重要了，尤其可以趁著年輕的優勢去問一些笨問題，別人比較不會在意，如果你真的不知道自己問的問題會不會太膚淺，你可以這樣說：「主管好，我是新來的〇〇〇，有很多事情不懂，想問您一個笨問題可以嗎？」當你這樣先承認自己的不足時，通常主管都會很願意回答，一定會說「你問吧」。這種福利在剛進公司的新人身上，真的可以好好利用，否則隨著越來越資深，臉皮也就越來越薄，更不好意思問了。唯有趁年輕，才能趕快學習提問的技巧。

問題可以問得很白目，也可以很有水準，讓人傾囊相授，關鍵在於「怎麼問」。有些場合，來不及準備問題但又一定要先問時，可以這樣說：「我對這領域不太熟，您是這方面的專家，可不可以問您一個很簡單的問題？」保證對方不會笑你，**先承認自己的弱勢，反而使人放下防禦。**

當然，問問題要問重點、問到核心，不能大哉問，要是問「這個產業在做什麼」，大概會讓人臉上三條線。如果改成這樣問可能就好一些，像是「這個產業的競爭優勢是什麼」或「這個產業主要的服務內容是什麼」。

在談判時，會問問題更是能扭轉乾坤。我曾經在比稿前的場合中多問了一些對的問題，而能夠精準地掌握到客戶資訊。譬如說，客戶都不喜歡將自己的預算告訴代理商，有時猜測之下寫出來的企劃案，會有很大的落差。

如果你問「此活動預算有多少」，大多不會有答案。如果改成「這個活動我可以規劃成一千萬元、八百萬元和五百萬元共三種等級，哪一項比較接近您的預算呢」，這時客戶多半會詢問三種等級的差別，然後講一個接近的數字，這時你大概就有點眉目了。

把握三原則，才能問出想要的答案

不問問題的人常陷入一個迷思，他們以為默默工作，老闆自然會看到，其實大錯特錯。老闆不會在意你花多少時間工作，他只會在意你花時間後，是否有對的產出。聰明的人會問對的問題，讓人如沐春風，願意回答；愚笨的人不僅問錯問題，還容易戳人痛處，令人不舒服。這其中的差別不是只有得到你想要的答案，而是人脈的累積及能力的展現。

但是問問題也有一些小技巧，譬如在研討會中常有觀眾提問，有些是大哉問，令主講者不知如何回答，有的問題則又臭又長，講了三分鐘也不知道問題重點是什麼。在這裡有幾個提問的原則，供大家參考：

①不要問大哉問的問題

所謂大哉問的問題就是題目太大，不知重點在哪裡，讓人不知如何回答。以我來說，經常在演講時會碰到觀眾提問「老師，請問如何做品牌」，像這類的問題真不知如何回答，因為我又不了解你的產品、商業策略、企業規模以及碰到什麼挑戰等問題，我怎麼回答。因此要確保問題具體而且措辭清晰，讓人們了解你疑惑的是什麼。

②簡明扼要

先提出問題再陳述背景。很多提問者大概花五分鐘在陳述自己的背景，以及讚美講師，但聽了半天之後還是不知道他想要問什麼，可能最後一句才提了一個很簡單的問題，這就是在浪費大家的時間，讓人覺得他的目的不是在提問，而是在找機會介紹自己，並讓講師印象深刻而已。通常這樣的效果並不會讓講師留下太美好的記憶點。

③尊重自己和別人

避免提出私人或侵擾性的問題，確保尊重對方的隱私和界線。另外，當別人發表不同的意見時，切忌不要在會議中抗辯，除非主持人要你表達意見，但你也必須表示尊重，謝謝對方的回饋。

總之保持好奇心，帶著學習和理解的態度來進行對話，不要一直試圖證明自己是對的，或是一定要置入一個觀點給對方，這麼一來，很容易會引起別人的防禦心。

此外，**也要避免假設性的問題，盡量不要對對方的想法、感受和經歷做出假設**，保持開放式的接納，並分享自己的經歷即可，盡可能保持中立避免與其對抗，或用咄咄逼人的方式提問，我相信只要維持這樣的態度，不論是誰都會很願意傾囊相授。

問對問題，才能得到好答案

你越能夠精準提問，清楚敘述你的處境或情境，回答就能越精準、越豐富。

學會問問題是一個很重要的技能，它有助於我們更好地理解世界、學習知識、解決問題、建立關係等等。尤其在菜鳥時期，更要好好利用這些機會提問，以獲取資深前輩的知識和經驗，便能讓你少走一些冤枉路，即時進入狀況。

其實你可以這樣問，聚焦一點、清楚一點，先說問題，再簡短說明自己的立場，讓對方馬上明白你是在做什麼，例如「我想請教老師，有關如何增加自媒體粉絲關注度的方式？由於我本身是從事電商的自營商，所以對於老師剛剛所提的數位行銷內容很有感」。這樣說不但讓聽者清楚你的問題重點，以及你為什麼問這個問題。

如果是在內部會議，面對老闆或主管，可以透過事前準備來提出好的見解或問題，因為內部會議都會有一個主題跟流程，你必須要先思考在這主題下與部門相關，以及你想問的問題、想達到的目的，並在整理後，趁機提出自己的看法或建議。

或許在會議上可以這麼說：「老闆您剛才提到，公司未來想要朝數位化轉型邁進，我認為這是一個很重要的決定和趨勢，也是未來公司在市場的競爭力。我和同事們最近也有觀察到一些趨勢及做法，請問如果我們要往下一步行動，是否組成一個工作小組來分享想法，再責成報告，之後作為公司未來決策的關鍵。」這樣說之後，一方面是表達對公司的支持，二方面也提出了行動方案，讓老闆放心。

當你這麼說，老闆會覺得你是很好的支持者，而且已經開始往下一步思考，聽起來好像是你在問問題，實際上你已經提供了一個方向和行動方案，讓老闆點頭而已。看似老闆做決定，其實是你在當導演，此時老闆如果積極，應該會馬上指派工作小組成員往下進行。

學習對AI發問，磨練提問力

自從ChatGPT出現之後，改變了產業的規則，也改變了職場的工作競爭力。生成式AI可以用人類的語言馬上回答很多問題，它甚至在尖端的律師考試中，與人類相比，可以達到前段班一〇%的分數，現在大家都同意懂得使用它的人可以節省很多時間，提升競爭力。

未來懂得使用它的人，或能將它運用到極致的人，就能獲得更高的效率以及生產力，所以這關乎職場工作者的競爭力，但如何使用以及需要具備什麼樣的技巧，最需要也是最重要的就是「提問的能力」。你越能夠精準提問，清楚敘述你的處境或情境，它的回答就越精準、越豐富。

目前職場上已經出現「ＡＩ溝通師」這樣的角色，所以會問問題的人，便能對ＡＩ下正確指令，是一門好工作。可惜台灣的教育從以前到現在，並沒有培養學生提問的能力，因此大部分的學生比較缺乏獨立思考的能力，這一點就影響到未來工作的競爭力。因此不要認為問問題是一件很蠢的事，反而要積極地去學習如何問「對」的問題，你就可以得到對的答案，節省很多時間，這也正是有效率的學習。

譬如問 ChatGPT「如何爭取加薪？」這種不著邊際的大問題，還不如提供更確認的情境，如「最近我主管要評估我的積效，以作為加薪依據，我不知道該準備什麼資訊，以及他可能問的問題」，這樣ＡＩ才能夠精確的回答。

ChatGPT 是一個很好的練習對象，不妨練習跟它提問，如果問得不好，它的回答也可能很一般，但如果你懂得問問題，那麼它的答案也想必非常精采。所以我們應該急起直追，訓練自己的提問力，在職場上多為自己加分。

總之學會問問題，需要一點勇氣和不斷的練習，這樣才能更好地掌握技能。當你學會提問後，你會發現自己的溝通能力變好，也能更有效率地解決問題。在成長練習的過程中，不要害怕被嘲笑或被否定，只要能保持自信和尊重他人，並且用精簡清晰的語言表達自己的問題，就能得到他人的回應和尊重，成為溝通高手。

意見相左時，先求同再求異

人們必須「心」先認同了，「理」才進得去。先求同，異才有機會被接納。

明明是一句話，怎麼說關係很大。沒說好，惹人生氣還可能斷了後路；說得好，對方喜在心頭，一切好談。

我有好幾次經驗，要跟對方溝通不同的意見或有爭議的題目時，倘若在還沒有共識的基礎下就單刀直入，直接說明，很難達成目的。反之，若能在同意對方的某些觀點下，再表達自己的不同觀點，對方的接受度就比較高。

與客戶溝通時，資淺的員工經常發生這樣的情節。有一次，同事們要說服客戶一個提案，客戶的高層聽完簡報後眉頭一皺，提出了很多的疑問，我們同事在現場更著急地想要解釋，又再次強調這個提案的好處與利益，但是客戶完全聽不進去。

我暗示同事不要再說下去，轉而把提案先放一邊不談，先問客戶他現在考量的是什麼？有什麼是我們沒想到的？此時客戶才把他所關心的另一個議題說出來，只要客戶願意講出心裡的需求就好辦多了，這時同事再表達，針對這個議題其實我們也有一些備案，只是沒有即時說明。當下我們先針對客戶的疑慮，花了一點時間闡述，取得他的認同之後，接下來的提案就順暢無比。

因此，如果遇到意見跟你相左的客戶，千萬不要立即糾正他或是否定他，反而要試著找出你們的共同點，先同意你所認可的部分，讓對話可以順利進行後，再找機會表達自己的想法，這就是先求同再求異的技巧。

在職場上，我們往往急於表達自己的意見、販賣自己的專業，但是若不先聆聽，找出雙方可以「認同」的點，那麼再多的理也說不清。人們必須「心」先認同了，「理」才進得去。先求同，異才有機會被接納。

如果從事客服人員一職，這一點的訓練也很重要，絕對不要自作聰明點出客戶不對的地方，只要針對可以幫他解決的地方討論即可。例如，餐廳的服務人員面對客戶明明點了某道菜，上菜時他硬說沒點，千萬不要跟他辯說「你剛剛明明點了」，他若硬說沒有，你又偏說有，這樣就會沒完沒了，最後一定爭吵並失去一位客戶，且他還會到處宣傳這家餐廳的服務很差。

因此我們當下不如就說：「沒關係，我幫你取消就好。」對餐廳而言或許損失一道菜，但對整個營運而言，你解決了問題，節省時間就是節省營運成本，而且減少一個可能的危機，哪一個划算呢？不妨自己想一想。

唯有先認同對方，意見才能被接納

生活中容易發生爭執的情況，大多也是來自於跟親近人們的溝通，很多男人感嘆跟女人溝通時有理說不清，越講越氣。那是因為男人總喜歡說道理，而女人喜歡說感覺，女人感覺不對時，什麼道理都聽不進去。女人要得到那個「你了解我」的同理心之後，才能好好聽進男人的建議與理性的忠告。

家人溝通也是如此，以前我的母親還在世時，因身體不適所以心情不好，不想動，也時常抱怨。我們兄弟姊妹因為聽太多次了，都不想再繼續聽抱怨，就老是勸她「不要想太多」、「要寬心」、「事情不是這樣的」，她反而心情更不好，說我們都不關心她。

後來我反其道而行，先聽她抱怨那些可以背一百遍的往事，然後表示「還好我活在這個年代，否則可能比妳更慘，更辛苦」。她果然在得到共鳴後情緒抒解，慢慢地，勸她吃藥或多走動等也就比較能被接受。**原來，要說服某人之前，要先認同他、接受他，我們的建議才會被接受。**

有效溝通最重要的是，要讓對方聽得進去，所以先聆聽，先同意他，再講自己的觀點。將心比心，先想想你若是對方，要怎麼說你才聽得進去，便知道該如何開口。

面對失控的客戶，要聚焦他在意的問題，而非情緒性字眼

不要只聽他情緒性的字眼，而是要聽他的需求，才能對症下藥，解決問題。

現在做生意的人最怕的大概就是客戶或消費者在網路上留負評，在職場上我們都有客戶，客戶是我們的衣食父母，所以我們對客戶大多都是尊重的、討好的，盡量滿足客戶的需求，但客戶永遠是對的嗎？當然不是。但是站在服務的立場，我們都希望客戶滿意，但一樣米養百樣人，誰能預料會碰到情緒控管不好的客戶，尤其現在很多年輕人都站在服務的第一線上，社會歷練還不足，當遇到情緒失控的客戶，很容易受驚和受挫。

我相信大部分企業都會對第一線服務人員做教育訓練以及客訴訓練，但有時候公司的規定也不能太僵化死板，必須要留給服務人員一些彈性，才能視客戶的狀況而有所因應，這樣服務人員才會有機會解決客戶的問題。否則常聽到服務人員說「這是公

司的規定，我沒辦法」，一直不斷地重複這樣的回答，也容易讓客戶抓狂。

但我今天要強調的是，如果真的遇到情緒波動很大或是失控的人，就必須忽略他情緒的語言，而專注在他背後所在意的問題。否則我們很容易隨之起舞，被情緒性的字眼所激怒，而無法真正解決問題。譬如說當我們的服務有瑕疵時，有的人在意補償、有的人在意折扣、有的人在意道歉，如果搞錯方向，就很容易失焦。

我曾經看過一位素養很好的機場服務人員，面對生氣叫罵的乘客，他很冷靜地回應「我了解您的焦慮，我也想幫您解決問題，但您是希望我在這裡聽您教訓，還是讓我趕快去幫您解決問題」，結果這位客戶就說「你最好趕快去幫我解決問題」，這位客戶在意的是要能找到替換班機，於是這位機場服務人員便暫時離開衝突現場去講電話，客戶也因此慢慢地冷靜下來。

之前我在代理商服務時，有位客戶經常情緒控管不良，三天兩頭會在電話中飆罵我們的團隊，很多一線專案人員都被罵哭，甚至對工作失去熱情，但我真的要勸做客戶服務工作的人，心臟要強一點，我們無法選擇客戶，但是可以選擇讓情緒不要這麼容易被傷害。因此遇到這樣的客戶，**請試著拿掉他們的情緒性字眼，專注聆聽其對事情的要求**。我相信大部分的客服人員都受過這樣的訓練。

不被對方影響，專注在他提出的問題上

不過，要如何忽略對方的情緒語言，並專注在該解決的問題，這裡舉一個電信公司客服人接到情緒不佳的客戶抱怨案例。

客戶：「你們的電信費率真他媽的太高了！我不明白為什麼我要花這麼多錢！我已經用你們的服務這麼多年，但現在我真的考慮要換約了！你們這些騙子！你們根本就不關心客戶！你們只關心錢！我已經找到其他公司提供更便宜的方案了，你們這個破公司真是太糟糕了！」

在這裡你可以刪掉他所講的情緒性字眼，包括「你們這些騙子」、「你們根本就不關心客戶」、「你們這破公司真是太糟糕了」等這些話都可以先忽略，只要關注他說的事實和需求，即「我真的考慮要換約了」和「我已經找到其他公司提供更便宜的方案了」，這些訊息才是重要的。

話說回來這位客戶雖然飆罵，但不見得真的會換約，因為真正失望的客戶會直接到其他電信公司換約，絕對不會再打電話跟服務人員講這些訊息，他飆罵只是想引起重視，希望有優惠的方案，希望服務人員解決他的問題。

因此在這個案例中，這位盡責的客服回答：「我理解您對於目前情況的失望和憤怒。作為一名客服人員，我將竭盡所能為您提供最好的解決方案。如果您願意，我們可以一起檢查您的帳單，並評估是否有適合您的折扣或優惠方案可供選擇。我們也可以討論您目前的使用情況，看看是否能有一些調整，以幫助您節省費用。」

經過這一番的對話，這位客戶最後被慰留下來。所以嫌貨人可能就是買貨的人，只是他用不同的方式來宣洩他的不滿，因此不要只聽他情緒性的字眼，而是要聽他的需求，才能對症下藥，解決問題。倘若被他的情緒影響，而捲入和他同樣的情緒中，那將是一場災難，不但解決不了問題，還可能傷了自己。

做好情緒控管，才能有效溝通

在服務客戶的專業上，我們的目的是要解決問題，而不是製造紛爭，所以不管客戶講什麼難聽的話，請暫時先忽略它，聚焦在他在意什麼，以及如何解決問題上。失控的人很難聽得進去別人的話，讓他把情緒垃圾倒完之後再冷靜地問他「你希望我幫你解決什麼問題」。

在職場上，情緒管控能力非常重要，我們期許自己做個EQ高的人，對於那些

ＥＱ低的人，請冷靜，忽略他的情緒語言，**當你的情緒不被挑起時，你就比較能解決問題，而且你的人格就已經站在上方了，旁邊看戲的人也高下立見，徒留尷尬的則是失控的人。**

面對為難的要求，如何拒絕？

我們無法討好所有人，要學習對不合理、不想要、不願意的事情說不。

說「是」容易，說「不」難。難在大多數的人怕傷人，喜歡做好人。溝通亦是如此，想要做自己的第一件事，就是要學習說不。

有沒有發現我們覺得活得很累的事之一，就是不敢說不，怕說了NO，別人不高興，認為我們很驕傲，所以最終總是為了和諧，勉強自己說YES，委屈自己去配合別人，隱藏自己的情緒，經常性地忽略自己的需求，到最後就演變成從來不問自己的「想要」，先配合別人再說。

這樣的思維影響了我們大半輩子，導致我們已經習慣性地壓抑自己，將自己的不願意吞下去，在華人社會裡，幫助別人是一種美德，所以拒絕他人代表著冷血，因為不好意思的心態作祟，總是說不出口，就忍耐著承接不想做的事，攬下了不屬於自己的工作，答應了不想幫的忙，參加了不想去的聚會，把自己弄得進退失據，身心俱疲，因而產生一堆負面的情緒，到最後精疲力竭，才發現沒有了自己，想急於找回。

其實要找回自己的第一件事，就是要明白「我們無法討好所有人」，所以要放棄這樣的期盼，橫豎怎麼做都還是會有人不喜歡你，要練習做自己，不必再去討好別人，不委屈自己，因此要學習對不合理、不想要、不願意的事情說不。

當人的年紀漸長，漸漸成熟，慢慢看透事情時，也明瞭人有百百種，有各種想法，不見得能達成共識，因此不需要為別人的開心而委屈自己。**做自己，並不是自私，而是一種自覺**。當發生下列情形時，就該提醒自己說「不」了。

- 覺得很委屈。
- 覺得不合理。
- 實在沒有時間。
- 超出自己的能力，做不到。

曾有一位個性溫和的年輕男孩，因為不斷地被主管欺壓，排輪值大夜班，連續兩個月未好好正常睡覺，終於勇敢地提出抗議並提辭呈，主管才收斂並調整時間表。

有時候我們隱忍不表達，只是放任無理的對方持續欺壓我們，一點都不值得。當我們有勇氣說不的時候，反而是一種很強的力量，能讓對方知難而退，如果此時遇到威脅或恐嚇時，可以考慮錄音存證，並且一定要堅定信心，不要動搖。

說「不」前先講好話，讓對方知難而退

有時候面對無理的要求，很難馬上回應，其實你不用急著給答案，可以稍稍緩一下再做決定，表白「這件事我需要想一想，或給我幾天時間再回答你」。這樣至少可以有緩衝的餘地，我相信很多事情沉澱後，爭取時間思考，就會慢慢地清楚，這時候再說不，也比較知道該如何說，並且可以用什麼策略說得清楚又不失禮。

其實說「不」的藝術，有其技巧，可以先謝謝對方的看重，再說明無法答應是為了大局著想，會比較緩和。如果有人拜託你做一件事，但已經超出你的能力，或是你沒有時間，可以這樣回答他：「謝謝你這麼看重我，但我實在抽不出空來，而且這件事情不是我的專長，我真的無法答應，免得被我搞砸。」這麼說就是給對方一個軟釘子，聰明人就會知道意思。

如果有朋友因為你說「不」而埋怨你、指責你，或是從此不再與你交往，我認為這樣的朋友也該和他疏遠，不用愧疚，因為真正的朋友不會勉強你去做不願意的事情，也不會提出不合理的要求，值得交的朋友總是讓人覺得舒服自在，沒有負擔。

不過，有一種人是例外卻很難拒絕，就是自己的父母。**父母的要求只能當作是自己的功課，真的不合理又拒絕不了時，盡力就好，有時也要照顧到自己的情緒和需求。**和上了年紀的父母相處時需要一點策略，因為老人家有時候像孩子一樣，是不講理的，你不需要生氣，也不需要事事認真，只要理解及同理就好。

懂得「說不」，是做自己的第一課。

談判時，切記不要照單全收

我的策略就是不論處境如何，一定要「立場堅定，語氣和緩」，如此一來，對手通常可以感受到一股不可撼動的毅力，事情因而轉圜。

大多數的商業談判是需要適當使用「不」或拒絕，才能知己知彼，百戰百勝；讓自己勇於說「不」，才不會將自己逼上梁山；讓對方有說「不」的機會，才能探對方的底。

我曾遇過一位客戶，總是經常性地習慣在下班時，打電話給公司一位年輕的AE交代一些工作事項，並言明希望隔天上班時就可以收到他要的報告。我們的AE礙於客戶的強勢不敢拒絕，怕得罪客戶也怕他告狀，結果就是每天連續加班，壓力太大，最後生病辭職，事情一直到當事人辭職時才爆發出來。

在原來的ＡＥ離職之後，換成一位較有經驗的同事來服務這位客戶，他很清楚地告訴客戶：「我很願意為您服務，但若有急事需要我加班，請事先讓我知道，我好安排時間，同時也會將加班的時數及內容呈報給主管，讓公司了解我的服務狀態以及您的需求。」果然這位客戶便稍稍收斂，不再予取予求。

原來的ＡＥ選擇犧牲自己，委曲求全，最後卻哀怨離開，實在不值得，這就是最典型的不懂拒絕的結果，鞠躬盡瘁之後卻得不到應有的報償及尊重，公司也沒有因此得利，反而讓後面接手的人要想辦法扭轉頹勢。**因此一味地取悅對方並不是聰明之道，尤其服務業一定要量力而為，不答應做不到的事情，「學習拒絕」也是管理學中一堂寶貴的課程。**

既然如此，該如何答應或不答應，才能恰到好處？有八個字可以參考，就是「立場堅定，語氣和緩」。在我的工作經驗裡，總會遇到一些客戶希望在合約以外、預算以內多做一些事，當然偶一為之無所謂，一旦變成常態就不正常了。尤其是在不景氣的當下，這樣的例子更是多，但是答應與不答應之間常常考驗著我們的智慧，因為不答應傷感情，答應了增加團隊的工作量與壓力，並且壓縮公司的利潤。這種狀況之下，我有一位主管會說「這次我破例幫你，但下不為例」，這樣說就是給對方一個方便，也給了底線。

另外有一位學員跟我提到，他經常遭受合夥人的言語霸凌，總是嫌他這裡、那裡做得不夠好，且經常用言語羞辱他，他很生氣卻不知道該如何回應。我跟他說，下次你眼神堅定地告訴他：「這是最後一次，以後請你不要用這種侮辱的語氣跟我說話，如果你再這樣，就沒有什麼好說的，我會立刻掉頭就走，直到你肯好好跟我對話，我才會聽。」他聽我說完，非常的訝異，原來可以這樣說話。

讓對方有說不的機會，反而能探出他的底線

除了向不合理說「不」之外，留空間讓對方可以說「不」，也非常重要。如果對方是客戶或是老闆、長者，需要讓對方有主導權的感覺時，這個技巧更是重要。我曾經有個談判的經驗，當時我提了一個較高期許的合約，客戶馬上表達不同意的觀點，對我說不。我也從善如流，不堅持，慢慢從對談中了解他的底線、好惡，明白什麼是他可以接受的，什麼是不能接受的，進而調整我的談判籌碼，繼續談判，最後終於取得期望中的條件，也讓他覺得主控了場面。

在我的談判經驗中，越是艱難的談判越要冷靜，尤其是五〇比五〇的談判。要先想好自己最後的底線是什麼，如果連底線都被破，那最糟的狀況是什麼？若發生最糟的狀況，自己是否可以承受？如果可以，那就勇往直前吧！我的策略就是不論處境如

何，一定要「立場堅定，語氣和緩」，如此一來，對手通常可以感受到一股不可撼動的毅力，事情因而有轉圜。自己說不，是讓對手明白我們的底線，讓對手說不，則是測試他們的底線。

「不」不是負面的回答，反而是積極地部署或進攻。讓我們試著在不合理時說不，就算有所犧牲，也要讓對方知道這是短暫的，讓他明白，如果要繼續跟你做生意，就要提供合理的條件，否則彼此間的關係絕不會長久。

身為主管、前輩，如何和Z世代同事溝通？

最好用年輕化的語言，且不要教訓、不要倚老賣老、不要擺架子。

Z世代的孩子是當今最重要的族群之一，他們的特色就是酷愛表現自我。這群年輕人已經變成現代職場以及消費的生力軍，所以無論身為老闆或是長輩，絕不能忽視這股力量，必須學會與Z世代溝通的祕訣。

Z時代的孩子出生在數位化的時代，善用APP、IG、小紅書、抖音和電玩遊戲等新時代產物，因此和新世代的年輕人溝通，其實跟其他世代沒有太多差別，最好用年輕化的語言，而且根據我的經驗，必須掌握幾個原則：

①千萬不要太囉嗦

跟他們談話最好精簡扼要，好消化。年輕人經常使用快速而簡潔的語言和縮寫，不知道如何回的時候就講一句「酷喔」，或許他們還願意再繼續對話。

②活潑點

可以用輕鬆的口吻，這樣年輕人才能沒有壓力的回應你，建議可以用好奇的語言跟他們溝通，例如「你剛剛說的那個APP好像很神，可以教我怎麼用嗎」，用這樣的方式，年輕人肯定就會比較想回應。

③不要教訓，不要倚老賣老，不要擺架子

根據調查，年輕人最討厭倚老賣老的長輩，只要長輩一提到「我以前如何如何……」，他們就會關閉耳朵。

④增加參與感

勇於說出自己的想法是Z時代的特色，他們討厭職場上的獨裁者，如果可以放下身段和他們一起同樂或工作，他們的接受度就會更高。這也是為什麼越來越多老闆在尾牙時願意放下身段，上台表演娛樂員工，主要還是希望拉近跟員工之間的距離，高高在上的老闆已經不再受歡迎。

⑤把鎂光燈放在他們身上

年輕人需要舞台，也需要被看見，所以適時讓他們上台表演，絕對會有意想不到的效果。我之前當主管時，很會運用這樣的技巧，將公司福委事項交由年輕人處理，例如像年會、尾牙、員工活動等等，做出來的成果比我想像的還要好。

⑥輔佐一些視覺的圖像

年輕人非常重視視覺溝通，與其把交代事項說得又臭又長，倒不如用一些類似的附圖說明，他們會更有感。

⑦使用互動性的方式

年輕人經常喜歡參與互動性的交流，因此不妨透過遊戲、競賽和問答等，與他們互動。此外，也可以使用影片和音訊通訊技術，如Zoom、Google Meet等軟體，在視覺和聽覺上增加互動。

⑧善用社交媒體

社交媒體平台是年輕人經常使用的交流方式，因此可以通過這類平台與年輕人進行交流。例如，使用Facebook、Instagram或TikTok等媒體平台來分享生活照片或影片，亦可參加網路群組和討論區，以建立與年輕人的聯繫。

你或許覺得他們愛現，但是他們很務實，尤其覺得自己做得很好的部分，都希望被看見。所以一定要創造舞台讓他們發揮，他們不僅要工作得有意義，還要工作得好玩。在交付任務時不要一板一眼的，可以透過遊戲的方式讓他們更有創意，發揮得更好，就像我在前文說的，我經常成立專案工作小組，讓他們負責福委、週年慶以及年會，有時也會辦客戶提案競賽，這些活動可以激起年輕人的創造力，通常他們做出來的成果也都令人刮目相看。

在職場上他們不會只為金錢而工作，金錢固然重要，但是生活與工作的平衡更重要，在他們心中，加班不是必然，為興趣或夢想工作更重要。所以不要只跟他們談薪資和福利（當然這方面他們也很務實），但除此之外，如果想要留住他們，可能還要讓他們了解公司的理念和方向，以及是否能跟他們的夢想結合，讓他們知道為何而做，這樣才有機會讓他們對公司有歸屬感，也會覺得工作有意義。

我說年輕人的務實就在於這一點，他們不只要麵包，也要愛情，不僅要詩，也要遠方，不是他們現實，而是我們以前太委婉，學會與時俱進，很多時候是我們該向年輕人學習。

為什麼通訊軟體雖方便，卻常有誤會？

發訊息把握兩點原則，即是否與大多數人相關、是否會干擾別人，就能避免許多誤會。

現在通訊軟體實在太方便了，人與人之間所有的溝通行為幾乎都在通訊軟體上完成，譬如使用Messenger、LINE、WeChat、ＩＧ私訊等，或是用通訊軟體錄音傳訊息。隨著通訊軟體的溝通日漸頻繁，卻經常有人會錯意或傳送錯誤訊息，到底在社群媒體溝通上，是否有該注意的禮儀呢？以前的電話禮儀現在已不夠用，課本也沒教，到底要如何發訊息、講事情，才能夠止乎禮，做個在群組被喜歡的社群好友。

依我個人的經驗，接下來提出幾種令人困擾的事，或許你也有相同經驗，不妨讓我們來正視這些問題，己所不欲，勿施於人。

①半夜發訊息

有的人三更半夜不睡覺一直傳訊息，導致別人睡覺時，手機就咚咚的響或震動不停，要不就六、七點一起床就開始傳訊息請安，實在有干擾別人之餘，雖然可以關靜音，但畢竟敏感的人聽到震動還是會被打擾。

②要求轉發

尤其是帶有勉強的字眼。我最反感的就是那種要求你一定要將訊息轉發幾次，會有好運上身，或者挑明說不轉發可能厄運就會降臨的文章，這種恐嚇式的拜託行為最令人不敢苟同。另外還有號召網路投票的，像是幫親友的小孩作品累積票數，這類的請託行為我認為能免則免，主辦單位用這種方式判定分數也不甚公平，當事人也不必太在乎。

③在群組中宣揚一些有政治或宗教立場的推文

這類行為最好還是避免，因為政治和宗教是最容易踩到別人底線的話題，尤其是群組中若有不熟的人時，更要小心。常看到某個群組因為政治立場不同，轉發的文章帶有黨政色彩鮮明，難免造成尷尬或不小心又引起筆戰，像這種行為也要避免，畢竟政治立場各有不同，各有角度，誰都說服不了誰，何必呢！

④每天例行的早安、晚安文

通常都是一些插圖或是截圖，感覺不到誠意，偶一為之還沒關係，但數十年如一日就占用別人眼球和時間了。

⑤在群組裡沒事就曬美食或美景照片

像是吃了哪家高檔餐廳，玩了哪些地方，目的只是引起他人羨慕，除非你真心想要推薦該餐廳或是景點。若要別人閱讀得有意義，最好加點故事性，解釋這張圖對你有什麼意義，這樣別人讀起來才會有共鳴。

⑥太危言聳聽的假新聞請先別轉傳

現在很多假新聞以訛傳訛，誤導大眾觀念，傷害不少。很多人看了馬上轉傳，而且還加上幾句加油添醋的話，要大家小心，卻不小心成了假新聞的幫兇。當然判斷假新聞不容易，但還是有些技巧，最容易判斷方式就是，等待大眾媒體或電視報導，若有這麼匪夷所思的消息，有公信力的媒體一定會報導，如果沒有被報導就應心存警覺，不要再傳播。

⑦不在公共群組中發布與多數人無關的私事

你要與群體中的某人或少數人談論某件事情時，若這件事與其他多數人無關，請另外私訊或成立群組，盡量避免在大群組中發言。

⑧人際關係有親疏遠近，通訊軟體也是如此

有些大群組中的成員比較錯綜複雜，彼此之間也不見得很熟識，這時候就要注意自己的訊息內容是否會干擾別人，是否跟大家相關，是否適合眾人閱讀。請在發出文字前，稍微判斷再行事。

總而言之，職場上的社群管理還是以工作相關或維繫人際關係為主，**傳遞訊息只要把握兩點原則，即①是否與大多數人相關，和②是否會干擾別人。**以這兩點為出發點，就比較能知道在通訊軟體溝通上的分寸。

當然有以聯誼為目的的群組，沒事就要哈拉的，可能不在此限。**但我還是提醒，別忘了有些事，打電話或面對面溝通的效果會更好。**

第四章

請求、說服，
跟上司說話的技巧

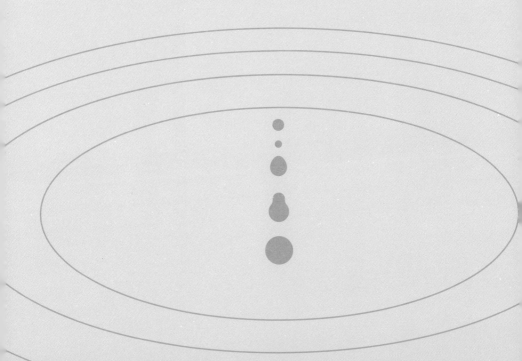

在社交場合中，如何破冰及開啟對話？

要建立人脈關係，一定要找到一些連結點，這個連結點最好是從雙方的「領域」或「興趣」開始。

我年輕時很怕那種西方雞尾酒會的社交場合，倘若沒有人陪伴，我總感覺非常的尷尬以及孤單，不知道在一群都不認識人的之間如何展開對話，漸漸地，我發現如果不主動出擊，就只能被動地看著大家開心聊天，或是等待著別人來找你聊天，這樣的行為自己都覺得非常的「俗辣」。

後來我發現這樣的態度和行為，非常阻礙我在社交上表現，尤其在商業上有很多人脈的建立及機會，都是從認識和談話中慢慢建立起來的，因此後來我決定改變，心想要不就不參加，既然決定出席，就一定要達成一些意義和目的。我告訴自己，在每個社交場合一定要找五個人以上談話，藉由這樣的練習，我慢慢地不害怕參加陌生聚會，也因為這樣的場合，後來認識很多商業界可以合作的朋友。

當你想在一個社交場合破冰，與別人建立對話時，可參考以下的例子，你也可以根據實際情況進行調整：

你：「你好！這是一個很棒的活動，不是嗎？我是王小明。」

陌生人1：「嗨，小明！我是莉莉。是的，這個活動真的很有趣。」

你：「很高興認識妳，莉莉，妳怎麼發現這個活動的呢？」

陌生人1：「我是透過一個朋友的介紹得知的。你呢？」

你：「我在社交媒體上看到了這個活動的宣傳，我對這個主題很有興趣，而且聽說這裡有很多這個領域的高手。」

陌生人2（插話）：「對，我也是從社交媒體得知的。我是大衛，很高興認識你們。」

你：「我也很高興認識你，大衛。你為什麼會來這個活動呢？」

陌生人2：「我希望能擴展我的人際關係，並認識一些與我有相同興趣的人。」

你：「那真是太棒了！我也是來這裡尋找有共同興趣的朋友。除了這個活動，你平時喜歡做什麼？」

在這個例子中，你透過問候和表達對活動的興趣，引起了陌生人的回應。接著，你詢問他們是如何得知活動的，進一步展開對話，你也可以分享自己的背景和期待，並詢問對方的興趣和活動。這樣的開場對話可以幫助你建立起輕鬆、友好的氛圍，並且找到共同話題來深入交流。

因此，在陌生的場合要與他人破冰，有三個重點可以運用，不妨試試看：

①尋找共同點

尋找你和對方之間的共同點，可以是興趣、工作、與場合相關的話題等等。透過找到共同點，引起彼此的興趣，會更容易進行對話。

②提出問題

從提問開始對話，將焦點放在對方身上，像是詢問他們的興趣、工作、旅行經歷等等，並以開放性問題為主，例如「你最喜歡旅行的城市是哪裡」，這樣對方可以更詳細地回答，並激發更多的對話，然後再從對方回答的訊息中回應，提出更多深度的問題，並分享自己的經歷，這樣的對話才能持續且豐富，但切記不能問太私人的問題，像是「你結婚了嗎」之類的，這樣會讓人起戒心，覺得你在挖隱私。

③多使用正向的語言

在對話中使用積極的肯定語言，表達欣賞、理解和支持。這有助於創造一個友好和融洽的氛圍，使對方感到舒適和受到重視。

要建立人脈關係，一定要找到一些連結點，這個連結點最好是從雙方的「領域」或「興趣」開始，尋找共同點，**因此不要吝於與別人分享你所知道的，可以試著主動表達善意**，一旦踏出了第一步，其他就能迎刃而解。越內向、越害羞的人越要試試看，多幾次經驗就不再那麼害怕了。

談話倘若告一個段落，想離開時，可以婉轉地跟對方說：「今天很高興認識你，我先去別桌打招呼，我們保持聯繫。」我相信這樣開放的態度以及正面的對話方式，一定能幫助你在陌生的社交場合中，很快地融入並且有所收穫。

善用你的老闆，將他變成貴人

說老闆聽得懂又願意聽的話，能說到老闆心坎裡，從而支持你的決定，這不是狗腿，是智慧。

有一次我在一群職場年輕人中做了一個小小的調查，原來最困擾他們的竟然是與老闆溝通相處的問題。不少年輕人向我求救：「到底該怎麼和老闆好好溝通，我只想用郵件和 LINE 解決一切，但每次只要 LINE 顯示老闆來消息時，我就手心冒汗。」

當你遠離老闆，不想親近老闆，其實老闆也會離你越來越遠。很多人認為跟老闆靠近就是拍馬屁、抱大腿，怕引起同事的議論，因此總覺得對老闆敬而遠之才是防身之道，這是錯誤的觀念，這麼做不僅在職場錯過了向老闆近身學習的機會，也錯過了將老闆變成貴人的機會。

別忘了，老闆也是人。只要是人，就不可能沒有弱點或喜好，一定能找到溝通之道。向上管理是一門很重要的學問和技巧，懂得向上管理的人，職場道路將順遂許多，懂得管理老闆並不是為了什麼升遷目的，而是為了讓我們的工作得到更多的資源且順利完成。

懂得向上管理之人，知道如何與老闆打交道的方法，讓他釋放資源，支持我們該做的事情，順利完成任務。懂得向上管理的人，通常並不是順從的唯唯諾諾之人，反而會有自己的觀點，且懂得溝通與說服的技巧，讓老闆願意聽你的建議，完成你想完成的事，甚至藉由老闆的資源完成自己的夢想。

與老闆溝通要把握幾項要點，若能做到，相信與老闆的關係應該不會太差，對方也會覺得你是一位言之有物的人。

與老闆溝通的技巧

①目的明確

在開始溝通前先確定自己的目的，以便有效地表達。老闆都很忙，千萬不要浪費他的時間，尤其是報告時。

②充分準備

有關的訊息和數據都要事先準備，便於支持你自己的觀點，也避免被問到時措手不及，支支吾吾，留下不好的印象。

③保持禮貌

在溝通過程中要保持禮貌和尊重，即使遇到困難和分歧的時候，也不要跟老闆硬辯。不管跟老闆再熟，都還是要維護與老闆間良好的關係，不要逾矩，並不斷溝通以保持信任關係。

④聽取反饋

老闆的反饋非常重要，這中間可能暗示著要行動的訊息，可以針對老闆的回饋再次確認跟你想的是否一致，以便決定是否採取接下來的行動及爭取資源。

⑤表達感激

對老闆的支持和幫助表示感謝，以增加合作關係的積極性。

最後你的提案結果看似是老闆做決定，但其實是你的建議，當你的提案被接受且能付諸執行時，它就不再是被交付的任務，而是你的點子，你就像導演，你的熱情會被激發，全力以赴。因此，說老闆聽得懂又願意聽的話，能說到老闆心坎裡，從而支持你的決定，這不是狗腿，是智慧。

針對老闆的行事風格，用對的方式和他說話

另外，了解老闆的風格也非常重要，每位老闆的風格不同，要做好溝通就一定要了解你的目標對象，找出適當的說話方式與他溝通才能達到目的。

了解老闆的風格，你就能知道知己知彼，調整自己，將他變成你的助力而不是阻力。什麼都聽老闆的話，照他的吩咐行事，雖然保險，但充其量只會被視為乖乖牌，卻不會得到老闆的衷心欣賞。

了解老闆的風格和好惡，尊重老闆的時間。有些老闆喜歡鉅細靡遺的報告、有些喜歡講大方向，沒有耐性在小細節，一開始就要弄清楚用什麼方式與老闆溝通最有效。在重視細節的老闆面前講太雲端的話，你可能會被認為沒有進入狀況。同樣地，也不要在重視大方向的老闆面前講太瑣碎的事情，他可能沒耐性聽你說完。

向忙碌又急性子的老闆報告時，最好先約好時間，若臨時搶時間報告時，也最好

先說：「老闆，您有沒有十分鐘的時間，我想跟您報告有關Ａ客戶最近採購我們產品的狀況。」這些都是尊重老闆時間的必要動作。

學習轉念，不要怕老闆，也別老是躲著他，反而是要培養與老闆對話的能力，越有機會對話，你會越了解老闆，他也會更看重你。

了解老闆風格，勇於與他對話，是培養自己膽識的最佳方式之一。我很慶幸自己因為待過公關公司的關係，培養了不怕與客戶ＣＥＯ對話的能力，因此我從他身上學習到許多，所謂「站在巨人肩膀上看得更遠」，正是如此。

如何說才能讓老闆釋出資源，幫你解決問題？

向主管求援也要有技巧，記得，永遠帶著你思考過的解決方案，而不是把問題丟給主管處理。

我們每個人的職涯生活中，多多少少都有主管（或老闆），而且可能不止一個。知道如何從老闆的才能及資源中受益，讓老闆成為你生命中的貴人，其實是職涯中重要的學習。

不要以為跟老闆的關係良好是一種狗腿的行為，要知道，善加利用老闆的權力與資源，其實是最聰明的方式。因為大部分老闆身上的人脈、思考與錢脈，應該都比你還要豐沛。如果你夠聰明，應該善加利用這個事實。擁有老闆對你的信任將是你最大的資產。這並不是政治建議，也無關乎薪資、升遷或個人目標的提升，而是能讓你工作得順利又有效率。

日常性的互動，像是隨時向你的主管報告事情的進度，讓主管知道你在想什麼，尤其是他關心的案子或事物，這樣他就願意釋出更多的資源來幫助你盡速達成目標。當然，這不代表有難題就馬上向主管求援。但是，如果你沒有任何武器，又不去運用主管手上已有的資源，打算自己獨力完成工作，那就太傻了。

向主管求援也要有技巧，記得，永遠帶著你思考過的解決方案，而不是把問題丟給主管處理。主管們永遠喜歡已經胸有成竹及能一起解決問題的夥伴，而不是製造問題的人。當員工帶著問題來找我時，我喜歡在給答案之前先問「那你的看法如何」，來確認對方是否先想過。

「沒有意外」也是重要的相處之道。盡可能地預先知會主管有關的壞消息，使他有時間考慮應對的方法。拿破崙曾下令，如有任何壞消息，不論晚上的任何時間都須喚醒他，並說「好消息可以等到第二天早餐時」。

當你和主管發生爭執時，如果在你清楚陳述意見後，仍然無法改變他的想法，這時你該停止爭執，不要重複強調你的不滿，這裡總有一個人需要做決定。如果你發現，你經常在重要的事件中面對上述困境，那可能你要考慮換主管或是換工作。

帶著自己的想法，和主管溝通

永遠不要忘記，下一個工作單位最可能諮詢有關你的資訊，且是詢問你的前任主管，與他保持良好互動該是利多於弊。向上管理不是「拍馬屁」。若只是拍馬屁，這些人是不分青紅皂白投主管所好，只要主管高興就好，不論是非也不管公司的利益，以主管的觀點為觀點或放棄自己的觀點。但向上管理則不是。

或許你以為貴人是可遇不可求，但事實上很多職場上的貴人都是主管。主管握有的資源最多，在職場上要成功，絕對少不了主管的支持，能夠借力使力，懂得向上管理，將主管變成你的貴人才是聰明的部屬。

懂得向上管理之人知道方法與主管打交道，讓他釋放資源，支持我們該做的事情，讓任務順利完成。**向上管理必須有自己的觀點，且學習溝通與說服的技巧，讓老闆願意聽你的建議，完成你想完成的事。**

由於這是經由雙方共識所做的決定，同時也是你同意的，它不再是交辦事項，因此你會全力以赴，儘管做的事一樣，但是心態與成就感卻大不同。因此，說老闆聽得懂又願意聽的話，能說到對方心坎裡而支持你的決定，不是狗腿，是智慧。

因此能有自己的觀點，經由溝通與說服的過程，讓主管同意你的主張，達成共識，讓他釋放資源，幫助你達成任務，這個過程你會學到很多經驗，也很難不被看見。將主管變成你的貴人，才是聰明的工作者。

說服老闆千萬不要死諫，要站在他的立場想

要懂得看臉色，可以放緩幾天繞個圈，再用別的方式溝通，才有機會成功。

向上管理的竅門之一就是「換位思考」，想像如果自己是老闆，會如何處理這個難題，並觀察他如何解決，久了之後，你會知道老闆處事的風格，也會有老闆的高度。

在老闆面前若是說服不了，也不要堅持己見，千萬不要「死諫」，可以放緩幾天繞個圈，再用別的方式溝通，才有機會成功。若不懂得看臉色，硬要在老闆面前說服到底，最後可能會讓老闆離你越來越遠，甚至連想看你的眼神都會離開。

到底該如何跟老闆建議呢？例如你覺得有一個很棒的行銷案，想說服老闆同意並爭取預算，如果這樣說，你覺得老闆會同意嗎？

員工：「老闆，我有一個很棒的行銷案想跟您商量。」
老闆：「好的，你說。」
員工：「我們應該要重新架構網站，以提高客戶體驗和搜尋引擎的排名。我建議可以聘請一家專業的網站設計公司，來保證我們網站的品質和效率。」
老闆：「我不同意，我認為我們原來的網站已經夠好了，我不想花更多錢重新設計網站。」
員工：「但是，老闆，我們需要為我們的客戶提供最好的體驗，並吸引更多的新客戶，所以我認為重新設計網站是刻不容緩的事。」
老闆：「好了好了，是不是刻不容緩我會比你更不了解嗎？我已經說不想再花更多的錢，我不要聽任何有關重新設計網站的建議了，你出去吧！」

在這段對話中，員工請老闆同意重建網站的提案時，卻發現老闆不開心，你看出原因是什麼了嗎？問題在於：

- 員工直接批評原有的網站不夠好，或許踩到了地雷，也或許該網站當初可能是老闆的想法。
- 老闆已經說「不同意」，也說出他不同意的原因，即是不想再花錢，但員工似乎沒有提出解決方案，還一味地為自己的想法辯解。

所以，我們應該怎麼說比較好呢？以下是另外一種說法。

員工：「老闆，我知道我們的網站已經很不錯，但我有一個想法想分享給您。」

老闆：「好，你說。」

員工：「我想請您考慮一下重置網站，以提高我們的搜索引擎排名和客戶體驗。我知道這是一項花費較高的項目，但是我相信它會為我們帶來很好的效益。」

老闆：「那我們要投資多少？可以帶給公司什麼效益？有沒有更多的訊息可以來佐證這項投資是對的？」

員工：「我已經進行了詳細的研究和分析，並發現這是一個可行而且值得投資的計劃，只要增加網站後台系統及數據資料庫，就有可能為我們帶來更多的流量和訂單，並增加客戶的信任度。這是我的研究報告，請老闆過目。」

老闆：「我知道你的想法了，讓我看完後想想再說。」

員工：「好的，如果您有任何疑問，我很樂意回答並提供解決方案，謝謝老闆的時間，如果有機會執行這個企劃案，我將竭誠為公司效力。」

如果這樣說，是不是成功機率就高多了？這樣的說法和上一個被否決的員工說法，兩者最大的不同在於：

- 這位員工在提出企劃案前，先強調它的重要性和對公司的好處。
- 他事前做了詳細的研究與分析，說明為什麼這是一個值得投資的計劃，並舉出實際的「數據」和「事實」來證明觀點。
- 回答老闆的任何疑問並提出具體的解決方案，並有解決任何潛在的問題。
- 最後請求老闆同意，並表示將竭誠為公司效力。

提出你的解決方案，而不是等老闆回答

待真正開始執行後，要記得適時更新工作進度。在專案進行中也要適度報告進度，讓老闆安心。要知道老闆在乎的是什麼，不要想著等到告一段落再報告，或是等老闆來問才報告，這樣恐怕你在老闆心中已經打了一個大問號。

要記得，不要只帶問題給老闆，同時也要給解決方案。老闆不見得都喜歡聽話的乖乖牌。最好發生問題要找老闆時，也能提供你的想法，同時提出不同的解決方案讓老闆選擇，讓他有決定權，但事實上卻是你的提議方案，這樣他才有參與感，也較願意用他的資源幫你達成任務。

如果能記住這些小方法，了解老闆的風格，在向其報告前做好準備，並解決他的問題，說話語氣表示尊重，我相信在老闆心裡，你應該是一位可靠又能夠委以重任的優秀人才。

老闆也需要被鼓勵

偶爾這群「孤鳥」也需要知道自己是否有價值，所以適時感激或讚美老闆，可以讓他知道有他的存在，對團隊的重要性及幫助性。

有一件事，可能很多下屬都忽略了，那就是，即便高高在上，老闆也需要被鼓勵，因為許久沒人告訴他做得很棒，他有時會暗暗質疑自己，是否做得不夠好。

如果他做得真的很好，請真誠地讚賞他。再次強調這不是拍馬屁，其實這些居高臨下的老闆們承受的責任重、社會壓力大，他們是處於「高處不勝寒」狀態。對於做老闆的來說，偶爾這群「孤鳥」也需要知道自己是否有價值，所以適時感激或讚美老闆，可以讓他知道有他的存在，對團隊的重要性及幫助性。

很多人覺得，當老闆的應該都是有自信、勇敢、積極進取的一群人，不怕挑戰、不怕挫折。殊不知這些居高臨下的老闆們只是這樣被定義了，就不得不展現一副強者的模樣，以滿足社會的期待，其實心裡的孤單與寂寞是無人知曉。社會的迷思是這些老闆都懂得自我激勵，肯定與鼓勵是多餘的。另一個迷思是，職場上大家總覺得讚美老闆是狗腿的行為而不屑。

以上的解讀都對，只是這群孤鳥也需要打氣。別忘了老闆也是人，只要是人，不可能永遠堅強。例如在帶領團隊打了一場無懈可擊的仗之後，團隊在歡慶之餘的同時，他心裡會很高興聽到同仁們說「老闆，有您真好」，或是在做了一個艱難的決策之後，他的內心戒慎惶恐，如果有人說「老闆，無論如何，我們挺您」，那無疑是最大的支持力量。

俗話說「高處不勝寒」，老闆能說話諮詢的對象也沒有幾人，於是他被訓練到需要隨時武裝，不得流露出絲毫的柔軟或猶豫，久而久之硬了心好做事。

真心說出口，就不會像拍馬屁

年輕時我剛出來創業，公司只有幾位員工，於是跟員工一起打拚就像是一家人，因此沒了距離，有話就說的結果反而產生了自我角色的混亂，員工對我的期望也越高。

後來懂得保持適當距離以利大家做事方便，卻也開始體認在高處的孤單。中午不敢隨便找同仁吃飯以免他們壓力太大，不能隨意顯現自己的喜怒哀樂，以免員工猜測你的心情天氣來決定報告事情的內容。種種的制約讓做老闆的我隱藏了部分的自己。終於了解那些做大事的老闆，為什麼要有一些神祕感。

直到有一天在一場演講後，一位開朗的離職員工告訴我：「老闆，您講得真精采，我很受到鼓舞，尤其您說到每年嘗試一個新事物，我看到在座的聽眾也都一直點頭抄筆記，似乎很有感。」

記得那個愉快的午後，我微笑地走出會場，感覺心情像陽光一樣燦爛。原來被人鼓勵與欣賞的感覺這麼快樂，我幾乎遺忘了。那句話讓我往後在準備演講時更戰戰兢兢，深怕壞了招牌。

不過，上述的稱讚若改成這樣說，那我就覺得是在拍馬屁了。

員工：「老闆，您剛剛講得實在太棒了，連我聽得都很陶醉。」

老闆：「你覺得哪裡講得棒呢？」

員工：「我覺得從頭到尾都很棒。」

若是用這種語言，就很明顯地是在抱大腿不是嗎？**所以能說出事實，說得適度，才是由衷的讚美，過與不及都不好。**

如何爭取升遷機會？

在談判過程中要保持專業且自信的態度，一定要準備充足再爭取，讓老闆來支持你的提議，並傾聽他的意見。

某些人在職場上戰戰兢兢，默默工作，毫無懈怠卻得不到升遷的機會，他們以為努力工作，總有一天就會被老闆看到，但是事實上，老闆都很忙，你不出聲，你不舉手，通常他不會看到你的。

現在職場競爭激烈，大家能力相當，最後誰能勝出，就是看誰能抓住機會。機會來了，你就一定要能把握爭取，倘若覺得不好意思，最後也只能看著別人發光發亮，自己只能在台下拍手。因為一些觀念的制約，有些人在會議時不好意思開口發表意見，怕說錯話。下班時間到了不好意思準時離開辦公室，怕主管不開心。該加薪升遷時沒有你，也不好意思問為什麼，怕主管覺得自己太自不量力。別人把不屬於你的事情丟給你，你也無奈地接受，怕壞了關係。由於這個「不好意思」的心態，凡事委屈自己，勉強自己，最糟的是自己不快樂，卻沒有人會感謝或珍惜。

前雅虎亞太區的董事總經理鄒開蓮就在她的新書中談到，有一次突然接到楊致遠的來電，詢問對美國某位優秀同事的看法如何，聰明的她立即猜想到老闆正在詢問擔任亞洲最高主管的人選，大膽的她卻直接詢問楊致遠：「你有考慮過我嗎？」就是因為這個契機，所以將亞太區劃分成兩塊，包括日本、南韓、台灣、香港、澳洲及紐西蘭，都交給鄒開蓮負責管理。

這是一個女性勵志的故事，如果鄒開蓮沒有大膽地爭取，這個位置可能不會落在她身上，那麼人生的歷練和格局可能就不一樣了。所以思考一下，爭取的結果或許還是沒有，但你也沒損失什麼，另一方面又可以展現企圖心，讓老闆記住你，在下次有機會時，他腦袋裡就會跳出你的名字。但如果不爭取，你連門票都沒有，為什麼不勇敢些呢？

那麼在爭取時，應該要如何說呢？當然有一些步驟，例如你可能要做一點功課，要有審慎的規劃，了解公司的政策，知道自己在公司的價值及貢獻度，然後找個適當時機，對爭取下一個位置提出你的想法及可以對公司的貢獻，這樣的對話可能對你的升遷或移到下一個想去的位置會有幫助，勇敢去敲老闆的門，透過對話，他會對你印象深刻，這就是給自己製造機會。

如果你想和老闆談判，爭取工作升遷的機會，或許以下的對話可以參考：

你：「老闆，我希望可以爭取品牌總監的職位，我在開拓亞太市場及帶領團隊市場行銷方面取得不錯的成績，亞太的營收成長率提高了三五％。希望下次的升遷名單中，您可以考慮我。」

老闆：「那麼，你對於未來的規劃和公司的貢獻有什麼想法？」

你：「我有些品牌策略的想法，希望用O2O行銷策略，讓公司的品牌形象可以提升至消費者心占率前三名。此外，我想培養團隊和發展組織，讓更多優秀人才有機會為公司貢獻，跟公司一起成長，所以請考慮讓我擔負更重大的責任。」

老闆：「你的企圖心不錯，但距離你想達成的目標，你有估算過大概要花多少預算才能做到嗎？然後營收可以成長多少？」

在談判過程中要保持專業且自信的態度，一定要準備充足再爭取，讓老闆來支持你的提議，並傾聽他的意見。在談判中，老闆或許有不同的意見，**願意接受他的建議**

或反饋，這表示你願意成長和改進，同時也展現出你是一個重視團隊合作的人。

在職場上和老闆談判與對話，是一項很重要的能力，畢竟老闆手上掌握的資源多，是決定你未來發展機會的重要關鍵人物，因此做好準備，勇於爭取機會，是現代工作者向上管理的必要技能。

被長官誤解時，如何回應？

與長官溝通時，還有一種最容易發生的狀況，就是被誤解時該如何回應。大部分的人受到誤解或被冤枉時，最容易在第一時間反駁，但當對方正在氣頭上時，你越回嘴他越生氣，尤其是面對長官，你可能滿腹委屈想回嘴，一時也不知道該如何說，怕越說長官越生氣。

因此當長官表達不滿意見時，第一時間你反而要非常冷靜，先聽聽他的意見，並確認自己理解他的立場。如果是要反駁並扳回一城，你可以表達自己的觀點，指出自己的困難所在，讓長官了解你的處境。倘若一時不知道如何表達，也可以告訴長官事實並不是如此，你需要一點時間收集資料，請他給你一個機會容後報告。

如果說不清楚也不用急於一時，待長官的情緒冷靜之後，再找機會跟他溝通，像是：

長官：「你這次的專案內容很不仔細，我很失望。」

你：「非常感謝長官的意見，我明白您對於報告品質的要求。不過，我發現在這個項目的緊迫時間下，我可能沒有花足夠的時間來檢查報告的細節。我會在下次報告之前加強檢查程序，並且將更多時間用在仔細檢查每個環節上，確保報告品質達到最好。」

此外，除了表達自己的困難，也要提供可行的解決方案，讓長官知道你已經在積極思考如何解決問題。**對長官要使用積極的語言，回應時則要避免使用負面詞語**，例如「我沒有做錯」可改成「我會再檢查一次」等，用積極的語言表達可能會更好。

長官也是人，每天日理萬機，情緒難免緊繃，也比較沒耐心，所以當他在氣頭上時，不需要正面跟他起衝突，也不需要急著辯解，有時讓他冷靜一兩天之後，他自己也會反省，或許也會覺得不好意思，當他下次若無其事地跟你說話時，你就知道他其實已經在示好了。

這樣做簡報，讓提案不再被拒絕

以「故事」的方式呈現提案，運用生動的描述和具體數據來支持觀點。

在職場中，上班族經常需要向老闆提案。然而，很多人在進行簡報時，經常遇到被打槍的情況，這可能是因為溝通方式、內容呈現或是簡報技巧不當所致，其實若能好好思考整個流程以及練習，提案的成功率將大幅提升。

做任何事情都要思考到「對象的需求」，因此在進行簡報前，花一點時間來了解老闆的需求和期望，是非常重要的。這一點可以通過與老闆正式或非正式的對話來完成，另外觀察老闆過去在簡報中最重視的面向，以便了解他的偏好和關注，可以幫助我們在簡報中強調這些部分，增加成功率。

例如有些老闆非常重視簡報的字體大小和一致性，有的重視圖表和數據，有的重視簡報的格式美感，那你就必須要在這方面下點功夫，或是有的老闆不喜歡太冗長的簡報，所以你必須在前五分鐘就講出重點，抓住老闆的注意力。

簡報當然最好是「面對面」進行，這樣可以更直接地互動，解釋我們的想法並回答對方的問題。如果簡報的目的是要說服或是促成某項工作，那麼最好要有簡潔而清晰的簡報文件，包括圖表、數據和案例分析，透過這些數據和案例，讓老闆看到提案的可行性和價值。

如果能用「故事」的方式來呈現提案，會更有說服力。例如，你想要說服老闆改善消費者在公司網站體驗的流程，可以以一個真實的案例開場，描述客服部收到消費者對於網站購物不友善的回應，以突顯問題，然後展示分析數據，表示因為這樣的問題，有三成比例的客戶瀏覽後並沒有轉換成交易，減少了約三〇%的可能訂單。接著要提出你的計劃和改善方案，將如何解決這些問題，並帶來實際的效益，當你使用生動的描述和具體的實例，就能讓老闆更好地理解你的觀點。

同時，強調該提案能帶來的公司價值和利益，解釋你將如何改善流程、增加效率、節省成本或提升業務表現。當你使用了具體的數據和數字，以及成功案例的引用，來支持主張你的提案，其成功率將會提升。**你必須讓老闆看到，你的提案不僅是一個想法，**

更是一個有助於公司發展的實際方案。

因此，成功的提案必須包括下列重點：

- 主題很重要，要知道提案的目的。
- 了解老闆的需求。
- 用數據和案例來支持你的想法。
- 提出你的計劃和解決方案。
- 亮出可行性和價值。

相信能做到這幾點，被老闆打槍的可能性就比較低，頂多只會提出一些讓你補充的問題而已。詳細的提案格式，可分為五大主軸，請參考下方及下頁的範例。

PPT 頁面① ▶ 主題

提高新品
在線上的知名度

PPT 頁面② ▶ 目標

在未來六個月內，
增加公司粉絲頁的追蹤者數量 50%，
並提高品牌討論度，
以支持業務增長

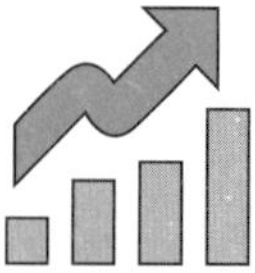

PPT 頁面③ ▶ 數據分析 - 目前 vs. 六個月後（預估）

項目	目前	六個月（預估）
目前公司粉絲頁的追蹤者數量	100000	150000
平均每月官網／粉絲頁之訪問量	50000	70000
品牌討論度（社交媒體上的提及次數）	每月 150／次	每月 300／次
追蹤人數轉換率	1%	1.5%

PPT 頁面④ ▷ 解決方案

① 定義目標受眾

確定我們的目標受眾，包括年齡、性別、地理位置、興趣等，以便為他們提供有價值的內容。

② 創建具吸引力的內容

創建高質量的圖片、影片和文章，以吸引目標受眾的注意。這些內容應該與我們的品牌形象和價值觀保持一致。

③ 頻繁更新社交媒體

每週至少更新社交媒體平台，以保持受眾的參與度。這包括發布新內容、回應評論和參與互動。

④ 合作和贊助

與有影響力的社交媒體用戶合作，或考慮贊助有關我們行業的活動或比賽，以擴大品牌知名度。

⑤ 分析和優化

定期分析數據，了解哪些內容受到歡迎、哪些不受歡迎，並根據這些數據調整我們的策略。

PPT 頁面⑤ ▷ 解決方案

⑥ 與競爭對手比較

監測競爭對手的社交媒體活動，並努力超越他們，以吸引更多的追蹤者和參與度。

⑦ 定期報告進展

定期向管理層報告社交媒體活動的進展，包括追蹤者增長、討論度提高等數據，並隨時討論相關的策略調整。

PPT 頁面⑥ ▷ 結論

透過這一系列數位行銷活動，我們將可提高新品在社交媒體上的知名度，提升追蹤者數量及轉換率至 1.5%，業績預估可成長 35%。

我們會不斷優化策略以確保達到目標。

事先猜題，掌握老闆對簡報的疑問

除了內容本身，溝通和表達方式也很重要。盡量用清晰而簡潔的語言來表達你的觀點，避免使用過於專業或技術性的術語，唯有簡報生動有趣，老闆才能輕鬆地理解和接受你的提案。

在簡報過程中，老闆可能出現一些問題或疑慮，你要提前預測到並已思考準備，以確保能夠應對各種情況。我記得以前幫客戶準備媒體採訪資料及記者會活動時，我們都會模擬記者可能提問的問題給客戶，這些問題後來證實也都八九不離十，這顯示了我們的專業知識和對客戶的全面考慮，同時也增加了客戶對公司的信心。因此給老闆的提案也可以如法炮製，**一定要「考前猜題」，才不會在問答的階段功虧一簣**。

最終，在簡報結束時，記得向老闆表達你的誠意和感謝。感謝他給予你機會，並表示你願意進一步討論和優化提案。這種積極的態度能讓老闆感受到你的認真和負責，最重要的是，會讓他覺得自己有參與和貢獻，進一步提升提案被接受的可能性。

通過準備充分的簡報、清晰表達觀點、強調價值和利益，以及表現可行性和實施計劃，便可增加提案被接受的機會。準備好以「故事」的方式呈現提案，運用生動的描述和具體數據來支持觀點。同時，保持積極的態度，願意接受討論和優化，這些技巧將有助於成功，使提案不再被拒絕。

第五章

危機、被炎上時，個人及企業如何回應？

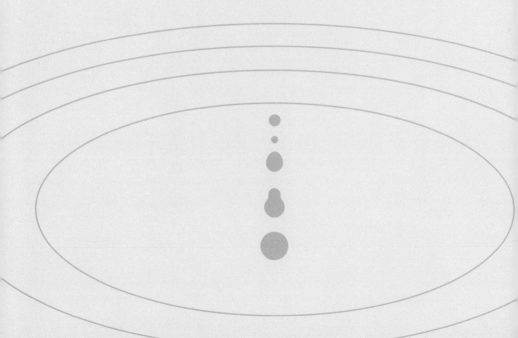

希望別人改善，多使用「正向語言」來溝通

在語言上多用「觀察」，不要用「我覺得」。「觀察」是比較理性，講究事實；「我覺得」只是主觀的意識，比較容易讓人覺得在針對他。

我記得以前在外商公司，有個人事考核及回饋機制是三六〇度的考核，尤其是資深的高階主管要晉升時，當事人必須要經過上司、直屬主管、下屬、同儕，甚至是其他部門主管的意見回饋，我們被訓練，回饋必須要用正向的語言。

例如在考核時，問題的設計不會問「你覺得他哪裡做得好？哪裡做得不好？」或是「他哪裡需要改善？」而是問：「若要他變得更好，你希望他多做些什麼？」以及「少做些什麼？」這樣的問題是針對事而不針對人，我從這個回饋表中得到很多的學習，原來希望別人改進是需要用正向語言，而不是直指他哪裡做得不好。

因此我們的建議及評估語言變成這樣：

「他文字力強，建議他可以繼續寫專欄，以及負責團隊企劃的最後修訂。」

「他分析能力強，請繼續每週一的晨會，分享時事與見解。」

「我建議他多點耐心，傾聽他人說完話再回應。」

「我建議他對自己好一點，多休息，多去旅行。」

「我建議他多參與同事間的下班後聚會，多交流。」

「我建議他少關在自己辦公室裡，少一些嚴肅。」

像這樣正向的回饋，就取代了可能直接的指責性語言，像「他壓力太大了」、「他不傾聽」、「他脾氣壞」，若是這種指責性的反饋只會激怒當事人，絕對不會讓他反思和改進。因此正向語言的反饋是針對當事人的行為，而不是他的人格，鼓勵他多做一些行為讓自己變得更好，並建議他少做一些行為來達成這個目標，這種角度的回饋就是為當事人好，這樣當事人比較能接受，才能促使他真的反省改善，變得更好。

建議他人改善時，請聚焦在「行為」而非人格，改善的焦點是特定的行為或技能，而非個人特質或能力，這有助於避免給對方帶來負面情緒或自尊心受損。例如你可以說：「在這個專案中，我注意到你的時間管理有一些困難，導致進度延遲。我建議你嘗試使用一個時間管理工具，如番茄鐘工作法，可以幫助你更好地管理工作時間和提高效率。」不要用質問的口吻，像是：「我覺得你最近經常遲交報告，到底怎麼回事？」

在語言上多用「觀察」，不要用「我覺得」。「觀察」是比較理性，講究事實；「我覺得」只是主觀的意識，比較容易讓人覺得在針對他，若說「我觀察到你最近有兩次遲交報告……」，會讓當事人覺得這是針對事實來討論，若說「我覺得你最近經常遲交報告……」，就會讓人感到你是針對他這個人來指責，他會馬上辯解且自我防衛。

在現代職場中，有效的溝通是成功的關鍵之一。作為主管或同事，我們常常需要與他人合作、指導下屬，並提供正面的回饋。在這種情況下，使用正向語言能夠發揮重要的作用，不僅能建立積極的工作環境，還能促進下屬的成長和改進。

使用正向語言，比較能夠幫助建立一個相互支持的工作環境，在這樣的氛圍下，才有可能提高團隊合作和工作效能。當正向的語言形成了組織文化，便可以激發團隊在未來工作中的積極性。

比起抱怨，多用「我希望……」會更好

其實在一般的人際關係中也是一樣，要多使用正向的語言，少抱怨，少用批判式的語言，才會增加更好的人際關係。例如夫妻之間如果想讓對方改變，千萬不要先指責對方，訴求自己的委屈，像是「你到底去哪裡了，每天都這麼晚回家也不說，你知不知道我等你吃飯等了多久」，這樣的開頭一定會迎來一場戰爭。

如果你的目的是希望對方不回家吃飯時事先說一聲，那就改說：「如果你不能回家吃飯，請早一點跟我說，我就不用準備這麼多菜，否則有些浪費。」如果目的是希望對方多待在家吃晚飯，可以說：「我很喜歡跟你一起吃晚飯的感覺……」這樣說可能會得到比較正面的回應。

總之，人際關係的溝通多採取「正向語言」，才有助於關係的改善，若希望對方改進，那麼更需要正向語言，才有機會達到目標。

危機發生時，如何對外說明？

建議對外說清楚三個溝通重點，就算真相還沒有理清楚，至少可以減低大多數人對此事的疑慮。

很多人以為公關的本質是包裝，每位公關人都有一張利嘴，可以把黑的說成白的，一旦發生危機時，找公關公司就可以把事情壓下去，這真是徹底誤解了公關，公關雖是隱惡揚善，但絕不說謊，所以公關的底線就是「真話不全說，但假話絕不說」。真話不全說的原意是「家家有本難唸的經」，很多事情的角度看你從哪裡切入，除了保護企業之外，若是誤傷當事人，豈不罪過。

曾有某位同學在公開演講時質疑地問我，公關都是在幫企業及品牌做美化和包裝，如果碰到惡劣的企業企圖欺騙大眾，公關公司幫忙處理危機，是不是反而成了邪惡勢力的幫手。

其實大家高估了公關可以隻手遮天的能力，在現在的社群年代，資訊樣樣透明，說過的話，做過的事，尤其是企業和名人，都會攤在陽光下備受檢視，怎麼可能紙包得住火。好的公關反而是在勸導當事人在第一時間把話說清楚，或者有錯即時道歉，擔任當事人和公眾之間溝通的橋梁。

公關的價值是幫企業或個人就事實層面溝通，用大眾可以理解的語言來說明，用大家可以接受的方式尋求支持和認同。不要以為這件事情很容易，我遇過很多企業和領導人在出事以後，話是講不清楚的，尤其是受傷的當事人，心中有太多的情緒和委屈，自己可能也還沒有解決方案，因此在第一時間亂了方寸，不知從何說起。

我大部分介入危機處理時，會在第一時間幫助客戶梳理出溝通的訊息脈絡，然後建議對外說清楚下列三個溝通重點，就算真相還沒有理清楚，但只要能迅速溝通這幾個重點，至少可以減低大多數人對此事的疑慮。三個重點包括：

①表達關切，釐清現在發生了什麼事？
②表達正打算做什麼處理？
③以及未來將怎麼做，以避免這樣的事再發生。

例如一間知名保養品公司，因為消費者擦了他們家的保養品之後，臉部過敏紅腫，上傳照片訴諸到網路上，引起其他消費者的跟進，沒多久在網路上就爆開了，所有人都在看你怎麼處理。當然公司覺得要釐清，到底是這位消費者本身有體質過敏的問題，還是真的擦了化妝品所致，這需要一點時間才能驗證，因此延誤了對外說明的時間，造成公司形象受損，讓大眾以為該公司毫不關心，或是坐實了事實，這都是不必要發生的。

因此不論事實與否，對或錯都不需要在第一時間去辯駁，只要盡快對外做一個說明，表達上述三個重點即可，至少可以化解消費者的疑慮，並博取大眾的諒解。具體該怎麼說呢？可參考接下來的說法：

①表達關切，釐清現在發生了什麼事

「首先，我們想對近期關於敝公司產品的網路輿論回應消費者。我們對於您在使用我們的產品後出現的不適感到非常遺憾，並深感歉意。您的安全和滿意，一直是我們公司最重要的關切。」

②表達正打算做什麼處理

「我們理解並重視每一位顧客的意見和反饋，並且已經展開了全面的調查，以確定是否存在任何問題。如果問題確認是本公司產品導致，我們將負起責任。我們一向重視品質控制，所有的產品皆遵循嚴格的安全標準和法規，並在生產過程中經過多次測試，以確保產品的高質量和安全性。

然而，我們也意識到每個人的皮膚反應是獨一無二的，每個人對於成分和產品可能會有不同的過敏反應。因此，我們強烈建議在使用我們的產品之前，請先進行適當的皮膚測試。這將有助於確定您對產品的適用性，以及在正式使用之前避免可能的過敏反應。

為了更深入地了解您的情況，我們誠摯邀請您與我們的客戶服務團隊聯繫，我們將竭誠協助您解決任何產品相關的問題，並提供適當的支援和資訊。」

③以及未來將怎麼做，以避免這樣的事再發生

「此外，我們也將進一步加強對產品的監控和測試流程，確保其在市場上的品質和安全性。我們致力於持續改進產品，以確保每位顧客都能放心使用並獲得最佳效果。最後，我們要感謝所有顧客對於敝公司品牌的信任和支持。我們將一如既往地專注於為您提供卓越的產品和服務，並確保您的安全和滿意度。再次感謝您的反饋和理解。」

這樣的聲明雖然有一點官方說法，但至少在每一個重點下，都表現出正確的態度，告訴大家現在正發生什麼事、我即將要怎麼處理，以及未來我們要怎麼做，這三個訊

息非常重要，攸關確保消費者權益，就算企業現在沒有解答或真相還在調查中，也要盡快對外溝通「自己正在做什麼」，好讓大眾知道你有負責任的態度。畢竟大眾想要知道的不外乎是「事情到底怎麼發生的」？你有沒有在處理？你是否願意負責任？以及未來要如何保證這樣的事不會再發生。

把握溝通的黃金時間非常重要，在社群媒體年代，最好不要超過二十四小時，有些企業主以為等事情處理告一段落後再向大眾說明，但通常已經來不及了，謠言早已滿天飛，因為大眾沒有耐心，你不解釋，他們以為你有什麼不可告人的祕密。所以，溝通和危機處理要雙向進行，同時向利益關係人和大眾報告，並及時更新事情處理的進度，才是對的策略。

網路謠言殺傷力大，若非事實建議盡快澄清

網路上的危機和謠言往往來得措手不及，等你回神過來時，可能所有的負面訊息已經滿天飛，對你的形象和聲譽產生傷害。一般來說，**網路資訊有三個特點：傳遞快速**、**爆發點廣**，**還有素人當道**，**大家都可以評論**。在網路上，凡走過必留下痕跡，尤其負面訊息，通常被搜尋的次數多過於正面訊息，負面訊息的殺傷力非常大，因此必須要及時澄清。

面對危機，除了溝通訊息之外，如果要出來面對大眾道歉，「態度」和「身體語言」也同樣重要。根據調查，透過鏡頭或是演講，約五五％的人們會記住身體語言，三八％的人會記住聲調，能記住你的訊息則只剩七％。我並不是說訊息不重要，而是提醒，危機溝通時還要注意你的表情、身體語言和聲調。

有些企業主以為手中握有大筆的廣告預算，只要抽預算就可以讓媒體不要刊登負面消息，其實這是很不好的思維，因為只要是關乎大眾權益的消息，網路和社群媒體早就鋪天蓋地地傳遞了，擋都擋不住。做錯了，倒不如好好道歉，好好溝通，爭取大眾諒解，事情總會過去的。

被炎上該如何處理？自媒體上的回應原則

你永遠沒有辦法說服所有的人，但是至少你要有一個誠懇和公開透明的態度，可以先止血，讓負面的言論不會持續下去，而且要讓支持你的人有角度為你說話。

在自媒體上回應謠言或是負面新聞時，要注意幾點：

①請不要刪文

刪文會激起更大的反彈。如果你不喜歡負面訊息停留太久，你可以重新貼文加註，或是另闢新聞稿說明事件，但就是不要刪文。

②不要到對方的臉書爭辯

因為那是別人的戰場，如果要反駁就在自己的社群頁面上，至少支持你的人多。

③趕快釐清真相

但在釐清真相的過程中，一方面也要對外說明，同步進行。倘若真相尚未大白之前，可以這樣說：「對於發生這樣的事件我們感到遺憾，我們一定盡快釐清真相，在最快的時間之內向大眾說明。在真相未釐清之前，請大家不要妄加揣測。」

④道歉要真誠

只要有些瑕疵，就可能要考慮道歉。若決定道歉，就請用力誠懇地說，道歉的力道要很乾脆且腰要彎得夠低，千萬不要語帶保留或心不甘情不願，這樣反而會留下更多的後遺症。

⑤請用人話，不要用冠冕堂皇的藉口

也不建議用冷冰冰的官方文章對外說明，記住，這時候爭取大眾的諒解和同理心是最重要的。

成功的危機處理案例

在這裡我想舉一個處理得還不錯的社群媒體危機案例供大家參考，即美國知名餐

廳ten22的案例。

・美國ten22餐廳負評案例

相信很多店家最怕的就是在網路上被留下一星的負評，位於美國的ten22高級餐廳，就是在開幕時，碰到一位知名美食部落客在網路上留下一大篇負面評論，這位美食部落客將每一道菜都批評得體無完膚，好似故意來找碴，從雞翅到漢堡，從麵包、牛肋排甚至是披薩，無一不批評。

看到這樣的負評，如果你是餐廳老闆，會怎麼辦？去抗議？去辯駁？去找他和解給好處？通通都不是，猜猜看，這間高級餐廳如何回應呢？結果這間餐廳什麼也沒說，幾天後他們推出了一個簡單的行銷活動，只要是這位美食部落客提過的食物，通通半價優待，歡迎所有市民來嚐看看。結果經過了這個行銷活動後，這間餐廳的名氣竟然比以前更大，所有的客人都在網路上對它按讚，翻轉了整個輿論，後來所有的報導也都對這家餐廳做了正面的回饋。

以ten22餐廳來說，是將危機變轉機的良好案例，這其中的關鍵點就是「態度」，態度影響觀感，這個案例有幾個觀點很重要：

①不必去跟當事者抗辯或叫屈（沒人會理你）。
②有錯就承認，沒錯就拿出證據堵住對方的嘴（說明對什麼事道歉很重要）。
③沒錯不用低聲下氣，用另類幽默的行銷方式來翻轉輿論（因為口味很主觀，只要對自家的產品有信心，倒不如邀請更多人來品嘗）。

當你覺得受了委屈，無論如何辯解，也會呈現兩極化的反應，就是信者恆信，不信者恆不信，你永遠沒有辦法說服所有的人，但是至少你要有一個誠懇和公開透明的態度，可以先止血，讓負面的言論不會持續下去，而且要讓支持你的人有角度為你說話。

危機處理千萬不要將話術當成技巧，最重要的還是要當事人有覺醒，真誠檢視現況，不找藉口，如果真的有錯，真誠認錯。如果有爭議，那針對什麼道歉就是關鍵，盡快釐清真相。如果是惡意攻擊，譬如有不明來源、競爭對手、媒體等用缺乏說服力的事攻擊，那麼掌握證據之後，也可以進行反擊。

危機處理時很多網友都是看戲的心態，有時候並沒有太多人弄清楚來龍去脈，但是大家會用放大鏡看你，而留在大家心目中的印象，便是你如何出來面對以及你道歉的身影，所以最重要的是展現你負責任的態度，說什麼反而變得其次了。我並不是說內容不重要，而是說除了內容之外，態度更重要。

對於惡意的攻擊，如何反擊？

其實大部分的人或企業在受到控訴時，都會選擇大事化小，小事化無，但是一旦被攻擊得太過分，為了捍衛名聲也會選擇反擊，進行蒐證以及法律的告訴，這是防衛的最後底線。

但是在輿論上若要翻轉，必須要取得有力證據，一槍斃命，若是有錯就立即道歉。但若是在社群受到惡意的攻擊或霸凌時，也必須要捍衛個人及品牌，這時你可以做下列三件事：

①有誤解馬上澄清，聲明稿則可用文章置頂的方式，在粉絲頁或網站刊登，讓大家可以一目瞭然，絕不能把話語權交由對方混淆視聽。
②面對惡意攻擊的訊息，將其留存，交由律師處理。
③以願意負責任的態度持續溝通，爭取大眾或網友支持。

還有危機發生時，法律雖然是最後一道防線，有可能還我們清白，但往往可能是

三、五年以後的事，那時候已經沒有人記得你當時的委屈，只記得曾經被報導傳開的訊息，**所以還是必須在第一時間內，在輿論上爭取支持**，否則錯過了時機，所有的謠言及負面訊息早已留存在線上，要等到法庭還你清白，可能連頭髮都白了，然而你的形象和聲譽卻再也不復返，這些風險和損害一定要計算進去。

危機發生時，為什麼要第一時間道歉？

一旦危機波及上身，記得不論你有沒有錯，大眾最在意的不過是當事人負責任的態度和程度而已。

一直以來，有許多電視影集都曾演出危機處理相關的情節，例如陸劇《緊急公關》、台劇《人選之人》及韓劇《造后者》，我特別喜歡看這樣的影集，當然一方面因為我從事公關有關的工作，二方面我也想從劇情中人物角色看他們如何處理危機。這方面的題材未來也不會缺乏，因為觀眾愛看。

劇情包含了各式各樣的危機處理，雖然較煽情，但核心還是「認錯和道歉」的藝術。看瓜的群眾或許認為犯錯就認錯，不是很天經地義的事嗎？但是大多數的企業或個人在遇到被炎上時，很少人第一時間就馬上出來道歉，為什麼會這樣呢？一方面是，道歉等於承認自己有錯，本身就覺得很丟臉，代表我有瑕疵，如果遇到當事人是名人或著名企業，通常更難在公眾前認錯。尤其是外遇、性侵或吸毒等私德問題，更難以攤在大眾眼前承認自己的錯誤。因此當我們質疑當事人為什麼不出來道歉時，只要想到人性也就沒有什麼好訝異的。

另外還有一個狀況也很難道歉，例如你犯了一點小錯，是技術上的錯誤，像是網路標錯價、採購不當，導致上游的原料出問題，讓你的品牌受損等。通常當事人會非常委屈，覺得我罪不致死，但為什麼每個人都要我買單，磕頭道歉，概括承受。

甚至有時候尚未釐清真相，又該如何面對？這和現代網路社群年代的狀況很類似，隨便有人在留言板上吐你一口口水，你還搞不清楚怎麼回事，正義魔人已經排山倒海的來撻伐你了，有時候你覺得有理也講不清，越想越委屈。

道歉雖不容易，卻是化解危機的必要手段

我從事公關多年，看過也處理過很多產業的危機案例，深知真誠地道歉，就有機會取得公眾的同情和諒解。然而明明是大家都懂的道理，為什麼看到的當事人總是錯失良機，沒能在第一時間出面道歉，或是心不甘情不願地道歉。

很多人都覺得做錯事就道歉，有這麼難嗎？真的不容易。當我越深入處理這些危機時，越了解道歉真的需要一個過程，尤其對於那些不是直接犯錯的人，或是自己覺得也是受害者的當事人，更是不容易。道歉之前他們需要一個訴說委屈的和內心治療的過程。

他們在第一時間被點名時，可能也覺得很冤枉，例如明明是上游廠商的原料有問題，他們只是採購，也是受害者，為什麼也要負責，所以很容易在第一時間喊冤，解釋這不全然是他的錯，或是抗辯以維護自己的權益，而不是真正的道歉。然而消費者在意他們的委屈嗎？並不會。

像臉書之前發生英國的數據公司「劍橋分析」（Cambridge Analytica，簡稱ＣＡ）竊取個資，面臨個資外洩風暴，一開始臉書也覺得自己是受害者，被劍橋分析所害，但大眾卻要他們負責。因此喊冤不是危機處理的重點，有沒有負責任才是。

其實消費者在意的不是當事人有沒有委屈，相反地，他們在意的是在這樣的情況下，企業的態度如何？會不會負責任？尤其是大品牌，消費者會認為，我是因為信任你們的品牌所以才進行購買，你當然要為我們負責所有的商品採購、製造和服務流程，確保我們的權益。

由於這個認知上的差距，我在多年處理眾多危機案例的過程中，總是要花一點時間讓當事人先抒發自己的情緒，再慢慢分析社會大眾的觀點，才能引導他們願意往心裡深處放下心防，徹底認錯。這也是為什麼很多消費者質疑，當事人總無法在第一時間認錯道歉，我想這是人性，尤其有委屈的時候。但在社群年代越來越沒有這種時間了。

對大眾道歉真的沒那麼容易，要說清楚犯什麼錯，對什麼人、什麼事情道歉，到如何道歉都是一門藝術，萬一說不清楚、講不明白，又犯了第二次的危機，豈不更糟，所以身旁有有經驗的公關人提點是非常重要的。

在社群年代，我們都要非常小心處理自己的品牌和說話，一旦危機波及上身，記得不論你有沒有錯，大眾最在意的不過是當事人負責任的態度和程度而已。

危機發生時，如何真誠道歉？

道歉時，要往自己方向鞭打得再厲害一些，要比別人預期的更多，不做太多解釋和自我辯駁，這樣才有辦法撫平受影響者的情緒，別人才可以感受到你的誠意。

在處理危機時，道歉是重要的一部分，就算只是小小的瑕疵，都得虛心地道歉。這麼做可以幫助平息受影響者的情緒、恢復信任並改善局勢。但是道歉到底要怎麼說，才算到位呢？為什麼有些道歉大眾卻不接受呢？我想最主要在於，大家還是在看你的道歉是否有誠意？是虛應故事還是真誠道歉？

有時候最重要的不是單純承認自己的錯誤，而是要體會受影響者的心境，讓受影響者感受到你的誠意。所以通常企業或品牌在道歉時，除了口語的道歉還會有物質上的補償措施，這當然看犯錯的大小及嚴重程度。

還有一點，就是道歉時，要往自己方向鞭打得再厲害一些，要比別人預期的更多，不做太多解釋和自我辯駁，這樣才有辦法撫平受影響者的情緒，別人才可以感受到你的誠意。我在這裡舉一個非常知名的案例「中國海底撈老鼠門事件」，他們做了一次非常正確成功的危機處理典範。

事情的開端是有一家中國媒體記者臥底海底撈暗訪，拍攝到老鼠鑽食品櫃、有員工用火鍋漏勺掏下水道、將掃帚畚箕與餐具一起洗等照片，揭露海底撈的衛生狀況堪憂的問題。在事件爆發三個小時左右，海底撈快速地給出了一個堪稱危機公關成功範本的案例。

以下是他們官方的道歉函，大家不妨看看，到底要如何說，用什麼態度，做什麼事，才會讓大眾感到安心及諒解。

關於海底撈火鍋北京勁松店、北京太陽宮店事件的致歉信

尊敬的顧客朋友：

您們好！

今天有媒體報導我公司北京勁松店、北京太陽宮店後廚房出現老鼠、餐具清洗、使用及下水道疏通等存在衛生安全隱患等問題。經公司調查，認為媒體報導中披露的問題屬實。衛生問題，是我們最關注的事情，每個月我公司也都會處理類似的食品衛生安全事件，該類事件的處理結果也會公告於眾。無論如何，對於此類事件的發生，我們十分愧疚，在此向各位顧客朋友表示誠摯的歉意。

各位顧客及媒體朋友可以透過海底撈官方網站（www.haldilao.com）上的「關於我們－食品安全－公告信息」，或海底撈公眾號（ID：haldilaohotpot）「更多－關於我們－食品安全－管理公告」，查詢我們以往對於該類事件的處理結果。

這次海底撈出現老鼠，以及曝露出來的其他在衛生清潔方面的問題，都讓我們感到非常難過和痛心。今天，媒體的朋友也為我們提供了照片，這讓我們十分慚愧和自責，我們感謝媒體和顧客幫助我們發現了這些問題。

我們感謝媒體和公眾對於海底撈火鍋的監督並指出了我們工作上的漏洞，這曝露出了我們的管理出現了問題。我們願意承擔相應的經濟責任和法律責任，但我們也有信心盡快杜絕這些問題的發生。我們也已經針對海底撈所有門市進行調整，並對後續作業發出修改方案，也希望所有的媒體和支持海底撈的顧客監督我們的工作。再次感謝社會各界對海底撈的關心與監督。

四川海底撈餐飲管理有限公司

2017 年 8 月 25 日

來源：上述文字摘自海底撈微博。

大家看看這篇聲明稿，不但不做解釋，也不怪罪員工，反而馬上承認自己犯錯，進行改善措施。為了解除大眾的擔憂和疑慮，海底撈做了兩項行動：

①聘請專業的協力廠商，對各分店的各角落衛生進行全面盤查，徹底杜絕類似問題的再度發生。

②展開透明廚房活動，用監視器即時拍攝廚房現況，並播放給店面的消費者監督。這種將自己透明化，攤開大家最在意的廚房給大眾廣泛監督的做法，極大的加強了消費者對海底撈的信任。

危機發生過後，海底撈依然門庭若市。很多消費者坦言，與其他的火鍋店相比，海底撈改善後的透明廚房更令人放心。海底撈不僅沒有受到此次危機的重大影響，反而化危機為轉機，贏得了網民的讚譽，更贏得員工的信任。

有人將海底撈的危機公關策略概括為「鍋我背、錯我改、員工我養」。意思就是我不會迴避問題，二話不說立即承認錯誤，馬上進行改善措施，當用這種真誠態度道歉時，相信任何人都會覺得有誠意。

我用海底撈做案例，是他們此次危機真的處理得很好，符合我所提的危機處理時的基本步驟，企業可以以此為參考。未來無論企業或個人碰到危機及被炎上的時候，請一定要謹記下列幾個大原則：

①快速回應

盡快回應並承認問題，不要拖延或忽視，讓人以為你不在乎。

②表現承擔責任的態度

「態度」有時比你說什麼還重要，明確承擔你的責任，無論是個人失誤還是組織的錯誤。避免採取模糊的語言或推卸責任的態度，因為這可能會引起更多的不滿和不信任。

③要道歉就要到位

再說一次態度很重要，會影響消費者的感受以及後續處理的順利與否，所以若要道歉，就要讓別人感受到你的誠意，不要只是敷衍的對不起。必要時，需解釋危機的原因和背景，避免模稜兩可，要提供透明度和可靠的資訊。

④採取行動

說明你將會採取哪些具體行動來解決問題，並防止類似情況再次發生，並修復受影響者的損失。說出你的計劃和承諾，以恢復信任。

⑤保持開放和溝通

建立一個管道，回答問題並提供支持，讓受影響的人群和相關利益者可以保持開放的溝通，他們也能分享自己的擔憂和意見。

就算危機落幕，當事人也要從危機中吸取教訓，確保類似事件不會再次發生。接下來，仍要進行內部審查和改進流程，讓大眾安心。當然，我希望大家都不要發生危機，但是我們不能有鴕鳥心態，以為不會發生所以閉起眼睛，**因此最好的危機處理，就是事先盤點可能潛在的弱點，並且具備危機處理的知識，定期做演練，否則等到危機發生時，再找解藥就來不及了。**

遇到不能說的祕密時，該怎麼辦？

「真話不全說，假話絕不說」，因此無關乎大眾的權益，屬於私人的祕密或是比較有爭議的問題，我們有權利選擇不說。

其實家家有本難唸的經，每個人或每間企業一定有不可說的祕密，或是不想讓他人知道的訊息，所謂資訊公開透明，不代表所有的資訊都一定要完全攤在公眾面前被檢視，只要無關乎大眾權益，我們就有權利選擇不說。就像家中每個人各有各的個性，感情也有親疏遠近，就算是名人，有必要清清楚楚地告訴大家，我跟誰比較好，我跟誰曾經吵過架，甚至我跟誰吵架的內容嗎？

因此無關乎大眾的權益，屬於私人的祕密或是比較有爭議的問題，我們有權利選擇不說。所以我才會說公關的最低底線就是「真話不全說，假話絕不說」，在這樣的情況下，更是符合人性。

但是經常發生比較尷尬的事情是，一旦被問到了不想說的祕密，該如何回應呢？尤其是企業或名人，碰到了媒體的質問，如果說「不予置評」或是掉頭就走，可能會讓人覺得觀感不佳，但又不能說謊，怎麼辦呢？這時候在公關上，我們幫助企業面對媒體是有下列幾個技巧的，可以將要說的訊息分成三種：

①準備好一定要回答的主要訊息，也就是無論如何都一定要說的話。

②被問到再回答也就是被動式的回答，別人不問就不答題。

③現在不能，未來也不能說的。也就是打死都不能說的內容，請把這個祕密帶進棺材裡吧！

當我們遇到爭議性的問題時，如果能將這些問題分為上述三種類別，我們就能比較輕鬆地準備什麼該說，什麼不該說了，也能比較從容地應對來自記者四面八方的各式問題。

例如某位名人正在申請離婚事宜，被媒體逮到訊息，如果你是那位名人知道風聲走漏，媒體一定會堵你，追問問題，這些問題大致可分為三種，你可以這樣準備：

①一定要回答的問題

這是你可以掌控的主要訊息，你可以說：「我們都是成熟的大人，正在尋求對雙方最好的解決方案，謝謝大家的關心。」

②被問到再回答的問題

如果對方問「什麼時候會辦妥離婚手續」，當這件事情已經紙包不住火時，你雖然不必主動交代，但真的被問到時也可以簡單回答「一切交由律師處理」，這也是一種回答。

③現在不能，未來也不能說的

可能就是你跟對方大吵一架的內幕，或是離婚協議的內容，這些若被問到，是絕對不能說的。

當我們遇到困境或是難解的問題，只要把這件事分成上述三類的訊息，就比較可以從容不迫地面對質詢，知道什麼該說，又有什麼不該說，以及什麼時候被問到再說。

這個準備非常重要，**因為人會在毫無防禦的狀況下說出不該說的話，或是被逼急時，說了足以讓我們後悔一輩子的話，甚至連身體語言也表露出自己的急促和慌張，**

所以越是緊張的時刻，或是遇到有爭議的話題時，更是要提早準備。

當我們透過這三種訊息來思考後，頭腦就會更清楚，知道什麼可以說，然後可說到什麼樣的程度，還有最重要的「什麼不能說」。如果心裡早有準備哪些話是不能說的，就不會再被麥克風堵住，或在逼迫之下，說了會被媒體大作文章且自己會後悔的話。

這是一種非常高級的說話術，通常是在訓練企業主面對困境時，讓自己可以從容不迫的方式，完全沒有說謊，但也不需要字字句句全盤托出，畢竟我們不是在法官面前，我們不是接受審判，我們只是捍衛自己的名聲。

與家人溝通時，如何避免一開口就爭吵？

我們常因為是家人所以覺得不需要拐彎抹角，直指對方的弱點核心，令其無法辯駁，這樣的結果只會造成更大的衝突和裂痕。

我們跟別人相處時都客客氣氣地，但是對於家人，因為少了這層顧慮，反而會太直爽很容易傷人。因此大家都說，越親近的人越容易傷人，因為他們最清楚你的軟肋在哪裡，一觸即發。

相處了大半輩子的夫妻就會明白，哪對夫妻不吵架。大家都說「相愛容易，相處難」，就是因為夫妻長時間在一起很難不碰撞，不一樣的個性，不一樣的思考，不一樣的情緒，不一樣的個體，怎麼可能總是在對的時機點，對的心情下，永遠講出對的話。因此意見不合，情緒不對，話不投機的情況就會發生，甚至變成日常。

所以，我們更要有意識地提醒自己，跟家人溝通時也同樣不要大剌剌的，我們常因為是家人所以覺得不需要拐彎抹角，直指對方的弱點核心，令其無法辯駁，這樣的結果只會造成更大的衝突和裂痕。**此外，面對家人可以開玩笑，但不能在外人面前開過頭的玩笑**。

以下的兩個情境，是可能會發生在夫妻之間的對話方式，大家可以觀察這兩種不同的回答，以及你所接收到的心理感受。

〈情境一〉

夫妻兩人為了買房問題討論，太太希望早日有個自己的家，貸款可以兩人一起賺錢慢慢還，但先生認為一旦買房就無法過好日子，生活會有壓力，因此不贊成此時買房。太太認為買房是必須的投資，可以為將來的生活打好基礎，但先生擔心購買房產會導致壓力和經濟負擔，認為租房更為合適。在這種意見相左的情況下，若沒有理性的對話，就很容易吵架。

太太：「你為什麼要反對，我們應該現在就買房子，否則我們永遠也無法擁有自己的家，你想要租房子一輩子嗎？」

先生：「買房子的風險很高，我們不該貿然行事，這會帶給我們很多經濟壓力。」

這種應對方法很容易激化矛盾，太太強烈表達了她的觀點，先生則是完全否定了太太的意見，雙方沒有得到有效的溝通，更容易引起爭吵和分歧。

那麼，若改成下列的說法是不是會好一些：

太太：「我知道買房是個重大決定，但我認為這是一種有保障的投資，有了房子代表我們可以擁有一個家，而不是一直租房子。我們可以好好考慮，找找看是否有適合我們的房子和貸款方式。」

先生：「我明白妳的意思，但是我也有一些擔憂，我們要考慮目前的經濟狀況和生活品質。也許我們可以繼續租房子，省下一些錢，然後再考慮購房的問題。」

透過這樣的對話方式，太太尊重了先生的意見，先生也表達了自己的觀點，並且兩人在交流中尋找到了一些共同點。這種方法更能避免雙方的情緒激化，並找到雙方都能接受的解決方案。

〈情境二〉

太太希望先生能早點回家陪伴家人，但先生覺得自己需要更多的社交和自由時間。

太太：「你總是和朋友們喝酒到很晚，完全不顧及我們的家庭和孩子，你真的沒有家庭觀念。」

先生：「我需要一些自由時間，我不能被妳控制著，我需要和朋友們一起出去放鬆一下。」

這種應對方法會讓雙方情緒更加激動，變成互相攻擊和指責，沒有得到有效的溝通和解決方案。如果改成下列的溝通方式，就能避免論戰，甚至會讓夫妻間的情感更進一步得到理解。

太太：「我希望你能早點回家陪伴我們，因為這能創造更多的家庭時間。但是我也知道你需要一些自由時間，這很重要。我們能不能商量，看看如何更好地平衡家庭和自由時間？」

先生：「我明白妳的意見，我也希望和家人共度更多的時光，但有時候我需要和朋友們出去聚會。我想我們可以制定一個時間表，讓我有足夠的自由時間，但也能盡可能地陪伴家人。」

說出具體的需求，避免讓對方盲猜

練習兩人的對話模式，甚至讓不滿也變成是一種溝通的表現，而不是傷人的利器，允許對方有發脾氣的權利，有權利說出自己的不開心、不快樂和不舒服，卻能夠不為對方所傷，這也是很好的模式。這個前提是，兩人具有信任的基礎，而且規定吵架時一定要講事實，不能只說感覺，避免對方無法體會。

其實會吵架通常都是情緒不滿，因此在表達時一定要避免下列幾種狀況，以免問題失焦，造成更大的傷害：

①在吵架時互相攻擊和指責

這容易忽略對方的感受和立場，使得矛盾和衝突變得更加激烈。應該給對方一個表達自己的機會，並尋求更深入的理解。

②絕對化的語言

像是「你從不」或「你總是」。這樣的語言往往會讓對方感到無法辯駁，加深對立和不滿情緒。例如「你從不做家事，每次都是我在家做牛做馬」，這樣的語言可能給人一種被指責或無助的感覺。

③在解決問題時，沒有找到問題的本質和根源

只是不斷重複過去的錯誤和矛盾，沒有從中吸取教訓，也沒有改進和協調的意願和努力，無法解決根本問題。

④只關注自己的權益和立場，忽略對方的感受

通常人性都會先訴說自己的委屈和不平，關注自己的立場和權益，但這樣只會增加對方的不滿。建議有爭議時先深呼吸一口氣，聆聽對方的說法，將兩人的友誼和情感放前面，關心對方，這樣有效的溝通才有可能繼續下去。

⑤打斷對方的發言

不斷地打斷對方講話，只是一味強調自己的不滿和委屈，這種溝通方式很容易讓對方覺得「我不想再講了」。

溝通除了表達自己的感受之外，一定要說出自己的需求，以及希望對方如何採取行動，以免對方誤解你的意思。有很多男性在另一半說出感受之後，不知所措，不知該如何做才會讓另一半滿意，如果問「你想要我怎麼做」，當另一半在氣頭上就會回答「你應該知道怎麼做」，那麼不敏銳的他可能又做出讓你不開心的事。

我身邊就有一個類似上述的案例，結果先生送了一束花給老婆，老婆崩潰地說她不是要這個，其實她應該說出自己的需求，像是「我希望我們可以花更多時間在一起，以加強我們之間的連結，從今以後，我們是否可以至少有兩個晚上一起吃晚餐，睡前可否有十分鐘的聊天時間」，像這樣說出具體的需求，才會讓對方知道他該如何改進。

雖然家家有本難唸的經，但夫妻相處首在「尊重」。雙方在尊重對方的基礎上，表達自己的需求和意見，才能有雙方都能接受的妥協。

後記

願你我都能「好好說話」

寫完這本書，我發現意猶未盡。

說話的藝術在不同的情境，不同的文化，不同的族群，不同的年齡，針對不同的對象，衍伸出的變數和情境豈止萬千，都要隨機調整，因此說話沒有標準答案，它要因人制宜，我書中舉再多的例子還是不足以涵蓋大家在日常生活上碰到的點點滴滴，但我相信溝通本身基調是不變的，與人為善，誠懇有禮，同理別人是人際溝通的基本素質，抓住面對幾個不同族群溝通的原則，至少不會踩地雷，像是：

對主管／客戶：態度尊重有禮，說話言簡意賅，提供建議。

對長者／父母：關懷為重，多傾聽，提醒他們自身的重要性。

對新世代：不倚老賣老，語言活潑，吸收年輕新觀念。
對客戶：表達重視，提供專業及解決問題為要。
對媒體：主要訊息一定要說，不該說的絕對不說。
危機管理：若有瑕疵直接道歉，不叫屈不拖延。
對社交及陌生人：主動表達善意，找出共同點。

九九%的人際關係問題都來自溝通，既然溝通這麼重要，我們怎能不花點心思好好學習說話的藝術。

願我們都能做個成熟大人，好好說話，讓人生沒有遺憾。

人生不能照單全收，買東西也是

你怎麼買東西，就會怎麼過日子！

不盲買、不跟風，
讓生活更美好的 43 個消費提案！

南仁淑◎著

改變人生的 3 分鐘書寫

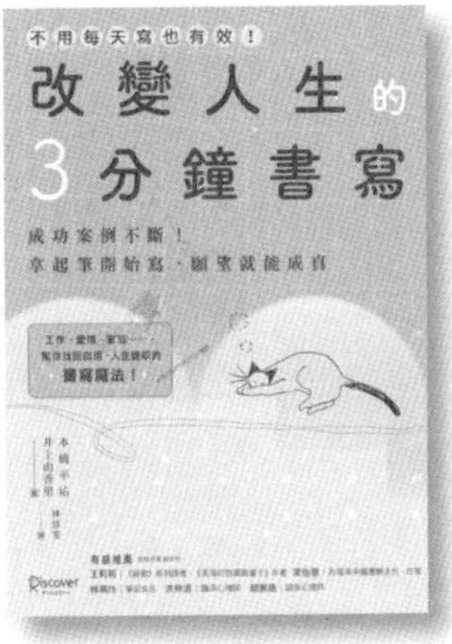

不用每天寫也有效！

成功案例不斷！
拿起筆開始寫，願望就能成真。

本橋平祐、井上由香里◎著

相信自己，才是完整的你

新生代作家高瑞希首本著作！

和你一起從文字中療癒自我，
重建內在。

高瑞希◎著

創新觀點

丁菱娟的成熟大人說話課

如何說，才能得體又不傷人？反擊時，如何堅定又有力量？

2024年2月初版　　定價：新臺幣330元
2024年5月初版第四刷

著者　丁菱娟
叢書主編　陳永芬
校對　陳佩伶
妝髮　賴韻年
攝影　力馬亞文化創意社
內文排版　綠貝殼工作室
封面設計　FE設計工作室

出版者　聯經出版事業股份有限公司
地址　新北市汐止區大同路一段369號1樓
叢書主編電話　(02)86925588轉5306
台北聯經書房　台北市新生南路三段94號
電話　(02)23620308
郵政劃撥帳戶第0100559-3號
郵撥電話　(02)23620308
印刷者　文聯彩色製版印刷有限公司
總經銷　聯合發行股份有限公司
發行所　新北市新店區寶橋路235巷6弄6號2樓
電話　(02)29178022

副總編輯　陳逸華
總編輯　涂豐恩
總經理　陳芝宇
社長　羅國俊
發行人　林載爵

行政院新聞局出版事業登記證局版臺業字第0130號

本書如有缺頁，破損，倒裝請寄回台北聯經書房更換。　ISBN 978-957-08-7238-5 (平裝)
聯經網址：www.linkingbooks.com.tw
電子信箱：linking@udngroup.com

家圖書館出版品預行編目資料

丁菱娟的成熟大人說話課：如何說，才能得體又不傷人？反擊時，如何堅定又有力量？丁菱娟著．初版．新北市．聯經．2024年2月．208面．14.8×21公分（創新觀點）
ISBN 978-957-08-7238-5（平裝）
[2024年5月初版第四刷]

1.CST：說話藝術 2.CST：溝通技巧

192.32 112021797